U0763717

老子·庄子

卷二

〔春秋〕老子
〔战国〕庄子 著
李楠 编译

第七十三章

勇于敢①则杀，勇于不敢则活。此两者，或利或害。天之所恶，孰知其故？是以圣人犹难之。天之道，不争而善胜，不言而善应②，不召而自来，绰③然而善谋。天网恢恢④，疏而不失。

【注释】

①敢：刚强。

②不言而善应：不做声而善于回应。

③绰（shān）然：宽广，坦然。

④恢恢：形容广大无垠。

【译文】

勇于以刚毅行事就会死，勇于柔弱就能够活，这两种勇的后果，有的得利，有的受害。天所讨厌的，谁知道是什么原因？有道的圣人也很难解说明白。自然的规律是，不斗争而擅长取胜；不言语而擅长应承；不召唤而主动到来，坦率而善于安排筹划。自然的范围，宽阔无边，尽管稀疏却不会遗失。

【品读】

统治者一旦腐败到极端，致使民不聊生，就会有勇敢的人站出来为民请命，与不道的统治阶级进行抗争。但是，最初这些人往往遭受杀身之祸。相反，那些贪生怕死的人却能苟且偷安地活下来。这两种情况，各有利害。『勇于敢』者被杀，是舍生取义，以人民的利益为重——利，却死得悲惨——害；『勇于不敢』者能够活下来，是重生轻义，虽然不利于社会的文明进步——害，却保全了自己的生命——利。

处于社会最下层的受苦受难的劳动人民，相对于强大的统治阶级而言是软弱的，他们之所以变得坚强不屈、视死如归，是统治阶级残酷剥削、压迫的结果。替天行道，与命运抗争，是完全合乎道义的，只有那些社会上的强盗才是天理不容的。既然如此，为什么『勇于敢，则杀；勇于不敢，则活』呢？谁能明白其中的缘故呢？对此，圣人也不明白其中道理。

胸怀天地之志的圣人，要想拯救人民于水火，完成推翻不道统治的天道事业，就必须遵循自然规律，这是能否完成历史使命的关键。

善于取胜的圣人不争一时之勇而在于争得民心。审时度势，运筹帷幄，广泛发动群众，壮大革命力量，并且伺时而动。人民群众的普遍觉醒，是取得革命胜利的保证。用实际行动体现革命的公平、正义，让广大革命群众得到实际利益，看到希望，这样一来，人民群众自然纷纷响应。只要高举道的大旗，天下英雄豪杰就会不召而自来，加入替天行道的行列。

随着革命队伍的壮大，人才的云集，圣人心地坦然而不顾虑自己的得失，推选有勇有谋之士担任军队的各级将领，绝不是任人唯亲，拉帮结派，各占山头。

历史是由人民来写的，不管时代多么久远，历史绝不会忘记每一个有功于人民的人。同时，那些人民的罪人永远也逃脱不掉历史的审判。

本章紧承上章，号召有识之士在统治阶级处于政治危机之时，顺应历史发展的潮流，伺机而动，揭竿而起，加速反动统治者的灭亡。在与反动派的斗争中，应当沉着冷静，不可做无谓的牺牲。最后强调，为了人民的事业而勇于献身的人，人民会永远记住他们，而那些与人民为敌的人，必然遭到历史和人民的审判。

第七十四章

民不畏死，奈何以死惧之？若使民常畏死，而为奇①者，吾得执而杀之，孰敢？常有司杀者②杀。夫代司杀者杀，是谓代大匠③斫。夫代大匠斫者，希有不伤其手矣。

【注释】

①为奇：做不正当的事。

②司杀者：掌管杀人的人。

③大匠：工匠的首领。

【译文】

当人民不怕死的时候，为什么要以死来威慑他们呢？假如人民真怕死的话，作奸犯科的人抓来处死后，谁还敢为所欲为？经常有司杀者主宰杀人之事，那些硬要替上天去执行杀的任务的，就像常人代替木匠去砍削木头，几乎没有不伤到手的。

【品读】

『民不畏死，奈何以死惧之？』这是对强权统治者的愤怒斥责。不道之世，人们『狎其所居』『厌其所生』，反抗是死，不反抗也是死，谁还害怕统治者用死亡来威胁呢？如果天下有道，政治清明，世界太平，人民安居乐业，生活幸福美满，自然都重生畏死。在这样的社会里，倘若再出现兴兵作乱、危害人民利益的人，我就可以逮捕并依法杀死他。这样一来，谁还敢与人民作对呢？

『为奇者』是指以非常手段聚众闹事或者从事军事政变、篡夺国家权力的人。在一个真正民主法治的国度里，『为奇者』就是违法背『道』、与人民为敌的人，所以，必须依法严惩。

『常有司杀者杀，夫代司杀者杀，是谓代大匠斫。夫代大匠斫者，希有不伤其手矣。』这里，『大匠』和『斫』相连，说明大匠就是精通木工的木匠。老子称神圣的法律为『朴』，而朴的原意为『没有人为雕琢的大木头』，所以，这里的『大匠』是指精通法律的人。斫，用刀斧砍（木头）。惩办『为奇者』，一定要由司法机关依法处理。如果统治者取代了司法机关的职能，就是用手中的权力代替了神圣的法律，是权大于法。那些以权代法的人，很少有不伤及权力的。

为什么『代大匠斫者，希有不伤其手』呢？这是因为，在一个真正民主法制的国家里，国家的立法权属于人民，人民要用法律来规定和限制统治者的权力。无视法律的统治者就是无视人民，这是人民所不允许的。

本章是老子三权分立的政治思想。立法权、司法权、行政权各自独立，是民主法治的重要保障，否则，统治者就会滥用职权，以权代法，将势必重新走上『以智治国』的道路。

第七十五章

民之饥，以其上食税之多，是以饥；民之难治，以其上之有为，是以难治；民之轻死，以其上求生之厚①，是以轻死。夫唯无以生为者②，是贤于贵生。

【注释】

①以其上求生之厚：统治者不惜一切代价保养自己的身体和生命。

②无以生为者：不把保命养生看得过重的人。

【译文】

人民陷于饥饿，是因为统治者贪求的赋税太多，所以发生饥荒。人民所以很难统治，是因为统治者胡作非为，因此很难统治。人民所以不怕死，是由于统治者不惜一切代价保养自己，老百姓所以才敢冒死反抗。只有那些不把保命养生看得过重的人，比过分重视生命的人高明。

【品读】

在专制社会里，统治者的本性是贪婪的。劳动人民之所以遭受饥荒，是因为统治者对人民的剥削太残酷。统治者的苛捐杂税越多，劳动人民所剩越少。劳动人民的饥荒是因统治者的不道造成的。

劳动人民之所以难以治理，在于统治者实行有为之治即人治。有为之治就是垄断权力、依仗自己的智力实行独裁统治。自恃有为的统治者，无视人民的智慧和力量，妄想凭借强大的国家机器与人民为敌。面对无道的统治者，失去一切权利的人民群众必然要做各种各样的斗争，国家自然难以治理。

劳动人民之所以轻视死亡，敢于和统治阶级做针锋相对的斗争，是因为统治者贪得无厌，只去满足自己奢侈的生活，而不顾及劳动人民的死活。统治者厚己，必薄人民，所以，人民才敢于和统治阶级以死相拼。

只有那些不以厚待自己的生命为人生目的，全心全意为人民服务的人，才是真正贤于以自我生命为贵的人。

本章是老子的义利观。老子从『民之饥』『民之难治』『民之轻死』三个方面，揭示出统治者重利忘义、贵己贱民、损人利己的不道行为，是社会罪恶的根源，归结出只有以人民的利益为重，让权利永远属于人民的人，才是贤明的圣人。

第七十六章

人之生也柔弱，其死也坚强。草木之生也柔脆，其死也枯槁。故坚强者死之徒①，柔弱者生之徒。是以兵强则灭，木强则折②。强大处下，柔弱处上。

【注释】

①徒：类型。

②折：遭到砍伐的意思。

【译文】

人活着的时候身体是软和的，死了以后躯体就变僵硬了。草木生长时枝干是软和的，死了以后枝干就干枯了。所以强硬的东西归属死亡的一类，柔软的东西归属生长的一类。因此，用兵逞强就会遭遇灭亡，树木强大了就会遭到砍伐摧毁。凡是强大的，总是居于下位；凡是柔软的，反而位于上位。

【品读】

人活着的时候，躯体是柔软而富有弹性的，待到死了的时候，躯体就变成僵硬的了。草木活着的时候，枝叶是柔弱而有脆性的，死去的时候，也就干枯了。可以说，凡是坚强的，都是死亡了的；凡是柔弱的，都是有生命的。

这是老子透过人和草木的生理现象所揭示的客观规律：柔弱、柔脆皆因生，坚强、枯槁皆因死。

兵强则灭，木强则折，因此，用兵逞强就会遭到灭亡，树木强大了就会遭到砍伐摧折。

强大处下，柔弱处上，凡是强大的必处于下方，凡是柔弱的必处于上方。这是本章的中心论点，也是符合自然规律的。统治者所面对的国家就像一棵大树，只有根本强大，才有枝叶茂盛，倘若树本枯死了，枝叶还能存活吗。王弼注：『强大处下，木之本也。柔弱处上，枝条是也。』自然万物是这样，社会同样是这样，处于社会下层的劳动人民才是真正强大的，处于社会上层由人民豢养的反动统治阶级才是真正柔弱的。

本章论述了坚强与柔弱的辩证关系，得出了『强大处下，柔弱处上』这一符合客观事实的结论。充分肯定了劳动人民的坚强伟大，揭示了统治阶级的柔弱本性。

老子认为『兵强不胜，木强则兵』的原因就是锋芒过露。他认为『强大处下』，而『柔弱处上』，为人处世应该善于隐匿自己的锋芒，才能让自己永远不落『下风』。

能成大事的人在做一件大事之前，都将真实的自己置身于暗处（将才能、智慧隐藏起来），为了观察明亮处其他人的行动，自己保持静默从而细心观察别人的言行。这样所有人的内外情形就都真实地展现在自己眼前，这件事自然能成。

古代就有许多人深知老子的这一哲学，并将其发扬光大了。楚庄王的『不鸣则已，一鸣惊人』的举动，正是悟透了老子的这一智慧而为的。

第七十七章

天之道，其犹张弓与①？高者抑之，下者举之；有余者损之，不足者补之。天之道，损有余而补不足。

人之道，则不然，损不足以奉有余。孰能有余以奉天下，唯有道者。是以圣人为而不恃，功成而不处，其不欲见[2]贤。

【注释】

①与：通『欤』，语气助词。

②见：表现。

【译文】

自然的规律，不是很像拉弓射箭吗？弦拉高了就把它压低一些，低了就把它举高一些，拉得过紧了就把它放松一些，拉得不足了就把它补足一些。自然的规律，是减少有余的、补充不足的。可是社会的原则却不是这样，它在减少不足的，来贡献给有余的人。那么，谁可以减少有余的，以补充天下人的不足呢？只有有『道』的人才能够做到。所以，有『道』的圣人有所作为而不占有，有所成就而不自恃有功，他不愿意展示自己的贤能。

【品读】

透过自然规律，可以认识社会规律，社会规律必须符合自然规律。这段话的深层意思是，合乎道的社会规律不就像拉弓一样吗？统治者（高者）压迫人民，人民（下者）就起来推翻它。剥夺官僚豪绅（有余者）的财富，分给贫苦的劳动人民（不足者）。

这里，老子把『天之道』和『人之道』做了鲜明的对照，借『天之道』来衬托『人之道』的不公。『天之道』体现的是集体主义，『人之道』体现的则是个人主义。个人主义是违背自然规律的。这表明了老子对社会历史的深刻认识，个人主义是造成贫富悬殊、两极分化、社会矛盾加剧的根源。

老子所要强调的是，社会的物质文明必须以精神文明做依托。精神文明是社会繁荣和稳定的根本保障。如果人人都能彻悟大道，与天地合德，那么，『我为人人，人人为我』的『天之道』社会就会成为现实。

所以，圣人推行天道，不去凭借自我之智，而是充分依靠群众的智慧和力量，实行民主法治，走集体主义道路。功德圆满而不居功自傲，不倚仗手中的权力为自己牟私利，这是因为圣人不以个人的金钱财富当作衡量自己才德的标准。

圣人推行天道，以身作则，率先垂范，不以名利之心诱导人民，处处以人民的利益为重，体现的是集体主义的道德风范，这就自然成为人民群众道德实践的楷模。

本章体现的是老子的大同理想。面对剥削阶级的反动统治，老子提出了『高者抑之，下者举之』的革命斗争路线，绝不能向反动势力妥协。推翻反动统治阶级以后，实行民主法治建设和集体主义道德教育，以集体主义取代个人主义，

最终实现社会大同。

第七十八章

天下莫柔弱于水，而攻坚强者莫之能胜，以其无以易之①。弱之胜强，柔之胜刚，天下莫不知，莫能行。是以圣人云：『受国之垢，是谓社稷主；受国不祥，是为天下王。』正言若反。

【注释】

①其无以易之：没有什么东西可能替代它的。

【译文】

全天下的事物，没有比水更柔和的。但攻击坚硬的东西，没有什么能超过水，没有什么能替代水。弱小的能战胜强大的，柔软的能征服刚强的。天下的人没有不懂得的，却没有能去实行的。所以圣人说：承受全国人的怨恨，这才称为国家的君主；承担全国的祸患，这才是国家的君王。这是正理，听起来却如同反话。

【品读】

老子把处于弱势的劳苦大众比作柔弱之水，『水可以载舟，亦可以覆舟』，在推翻剥削阶级的革命斗争中，被剥削者是革命的先锋，是冲锋陷阵的中坚力量，是攻无不克、战无不胜的。他们前仆后继，视死如归，是因为没有任何其他方式可以改变自己的命运。

反动统治阶级貌似强大，实则弱小，处于被统治地位的劳动人民才是真正强大的，只要人民齐心协力，就完全有力量推翻反动统治，获得翻身解放。这个道理天下没有不知道的，但是，领导劳动人民彻底推翻反动统治的任务却没有谁能够胜任。

反是天赋人权，也是人的自卫本能，是劳动人民改变自己命运的唯一方式。但是，伟大的革命行动需要伟大的革命理论作指导，要想取得革命的胜利，就必须为广大的劳动人民提供强大的思想武器。否则，革命必然以失败而告终。

正如列宁所说：『没有革命的理论，就没有革命的行动。』其原因在于不能『正言』，即没有办法确立正确的符合劳动人民利益的革命理论。

《共产党宣言》的伟大意义，就在于为无产阶级革命者的斗争指明了方向，为整个封建统治的彻底覆灭敲响了丧钟。

本章强调了理论对实践的指导作用。从事革命斗争要有科学的革命理论作指导，科学理论一旦为革命群众所掌握，就会在斗争实践中变成强大的物质力量。否则，革命就会带有盲目性，最终导致革命失败。

老子一直提倡以温和或迂回的方式来实现自己的主张，也就是以柔胜刚，以弱胜强。

他在《道德经》中反复强调了这个观念，并以水为例。但是水滴石穿的道理谁都明白，可真正能这样去做的却是少之又少。柔中含刚，刚中存柔，刚柔相济，不偏不倚，才是中国人处世的正宗。这一理想化的处世方式，一个小小的太极图表现得最为形象。

在一个圆圈中有一条白色的阳鱼和一条黑色的阴鱼，阳鱼头抱阴鱼尾，阴鱼头抱阳鱼尾，互相纠结，浑融婉转，恰成一圆形，无始无终，无头无尾，无前无后，无高无下。最妙的是阴鱼当中有阳眼，阳鱼当中有阴眼，相互包容，相互蕴涵，相互激发，相互转化而又相互促生。这正是刚柔并济的哲理。

第七十九章

和[1]大怨，必有余怨，安可以为善？是以圣人执左契[2]而不责于人。有德司契，无德司彻[3]。天道无亲[4]，常与[5]善人。

【注释】

①和：调和，和解。

②契：契约，契券。

③彻：周代的田税法。

④亲：这里指偏私。

⑤与：帮助，赞许。

【译文】

和解重大的仇怨，也会有余怨埋藏心底，这如何能算是好办法呢？所以圣人虽拥有借据，但并不强迫别人归还债务。有『德』的人对待人就像握有借据一样，只是保管，而不索求；没有『德』的人对待人，就像掌管税收一样刻薄刁诈。天道没有偏私，它永远协助有『德』的善人。

【品读】

圣人带领劳苦大众推翻了剥削阶级，调和了劳动人民的深仇大恨，建立起劳动人民自己的政权，此时，阶级矛盾虽然消除了，可是人民内部矛盾依然存在。作为国家的最高统治者，应该如何去妥善处理人民内部矛盾呢？对此，圣人首先要做的就是确立生产资料的公有制形式。人民获得生产资料，拥有生产经营自主权，国家行政机关不去搞行政干预。

『有德司契』，是强调国家公务人员的道德品质。『无德司彻』，是强调增强各级政府的工作透明度和人民群众的监督机制。当然，这里的『有德』和『无德』是相对而言的。

这里，『天道无亲』和『天地不仁』『圣人不仁』的观念是一致的，都体现了老子的朴治主义思想，也就是肯定法治，否定人治。『有德司契』强调了一个『德』字，『常与善人』强调了一个『善』字，若要确保国家公务人员的德善兼备，必须建立健全民主机制。

本章阐述了圣人带领人民推翻剥削阶级以后所实行的治国策略。首先确立合乎自然规律的社会制度即以生产资料公有制代替生产资料私有制。其次，要建立健全用人机制，推选德善兼备的人管理国家事务，绝不能任人唯亲，并加强社会监督机制。总之，要想最大限度地化解人民内部矛盾，促进社会发展，制度是关键。

第八十章

小国寡民①。使②有什伯之器③而不用；使民重死④而不远徙；虽有舟舆，无所乘之；虽有甲兵，无所陈⑤之。使人复结绳而用之。甘其食，美其服，安其居，乐其俗，邻国相望，鸡犬之声相闻，民至老死不相往来。

【注释】

①小国寡民：小，使……变小；寡，使……变少。

②使：即使。

③什伯之器：各种各样的器具。

④重死：看重死亡，即不轻易冒着生命危险去做事。

⑤陈：陈列。

【译文】

最理想的社会建构是缩小邦国的疆域，使国内的百姓变少。尽管有各种各样的器具，却并不利用。在这个小邦国里，让民众都知道珍惜自己的生命而不为获利冒险去远方奔波；尽管有车船，但没人去乘坐；尽管有军队，但由于没有战事也不需动用。让老百姓回归到结绳记事的那种淳厚自然的状态。国家管理得好，使人民吃得香甜、穿得华丽、住得舒服、过得快乐，自我满足于朴素的生活和习俗。国与国之间互相望得到，鸡犬的叫声都能够听得见，但人民从生到死，也不互相来往。

【品读】

小和大、寡和多是对立统一、相辅相成的。『小国寡民』社会是经过长期的『无为之治』和『不言之教』使人类的传统观念根本转变了的社会形态，是没有阶级压迫和阶级剥削的德治社会。德治社会必须是全世界的，只要世界上还有一个国家不能实现德治，『小国寡民』就不能真正形成。所以，『小国寡民』是全世界人民的太平盛世。在人们的传统观念中，国大民广才是大同之世。但是，历史上的国大民广都是封建割据的产物，如罗马帝国、阿拉伯帝国、沙俄帝国等。然而，这些帝国没有一个是稳固的。这是因为人们皆以功利主义为人生观和价值观，都欲据天下为己有。因此，国家总是跳不出『分久必合，合久必分』的历史轮回，天下人民也总是摆脱不掉战争带来的灾难。所以，一味地求多求大，人类的大同世界就永远不可能实现。只有求『小』、求『寡』，才是人类的金光大道。

流行于现代社会的价值体系和思想观念已经发生了质的转变，也就是说，人们由单纯地『向外求』的传统观念转变为以『向内求』为主的道德观念。因为只有向内求才能获得人生所需要的大智大慧、精神享受的最佳境界以及身体的健康长寿。有了这一最佳境界，人们就不会再执着于追求外在的声色和名利了。那时，人们需要的是征服自我而不是别人。

『小国寡民』是老子哲学思想的归结，正如共产主义社会是马克思主义哲学思想的归结、世界末日是宗教哲学思想的归结一样。『小国寡民』不是『世外桃源』，也不是『乌托邦』，而是人们向往不已并完全可以实现的大同世界。

第八十一章

信言不美，美言不信。善者不辩，辩者[1]不善。知者不博[2]，博者不知。圣人不积[3]，既以为人[4]，己愈有；既以与人，己愈多。天之道，利而不害；圣人之道，为而不争。

【注释】

①辩者：巧言者，摇唇鼓舌的人。

②知者不博：有知识的人不卖弄。

③不积：无所保留。

④既以为人：尽力帮助别人。

【译文】

诚实的话不华美，华美的话语不一定诚实。德善的人不需要能言善辩，善辩的人德不一定善。真正有知识的人不卖弄，卖弄自己知道多的人不是真有知识。圣人是不存占有之心的，而是尽力帮助别人，他自己也更为充实；他尽力赠与别人，自己反而更富有。自然的规律是让万事万物都得到益处，而不损害它们。圣人的行为原则是帮助别人而不跟别人争斗。

【品读】

老子言道论德是『言有宗，事有君』的，是对治身实践经验的哲学总结，并非抽象的凭空而谈。因此，他所构建的道德这一哲学大厦，虽然仅有五千余言，而且历经两千多年，不但没有为历史所尘封，反而随着科学的发展越来越放射出夺目的光芒，为世界各国人民所重视，就是印证了『信言不美，美言不信』这一哲言，即有根有据的言论不需要用华丽的辞藻来修饰，但它揭示的是真理；主观、唯心的言论是缺乏科学依据的，绝对经不起历史的检验。

自然的才是最美的。老子的《道德经》文笔简洁、朴实，章节之间，乍看起来杂乱无序，但它文约义丰，博大精深，有着高度完整的哲学体系，是对自然科学、社会科学和人体科学的高度概括和总结。可以说，老子的《道德经》是世界上最美的哲理诗篇。

『善者不辩，辩者不善』，表明了老子的实践见证真理的辩证法思想。真知来源于自我的实修实证，只凭主观愿望、主观想象来辩论是是非非，是不科学的。自《道德经》问世以来，内修家视为灵文至宝，称之为《道德真经》，并尊老子为『太上老君』『道德天尊』，奉其为道家鼻祖。另有文人墨客则总是不停地辩论其是是非非，有消极避世、保守倒退说，有南面之术说，有主观、唯心、片面说，有神秘主义说等，持这些观点的大概就是老子所说的不善者。

『知者不博，博者不知』，体现了老子的微观认识论。知者，求知于大道，获取真知，是『观妙』和『观徼』相结合。博者，只执着于研究书本，获取的只是现象世界的知识。探求真理于事物的表面现象的人，永远打不开真理的大门。据说，当年『文通万国，学超三教』的胡适博士，在攻读《道藏》时，被道德家的隐语秘诀拒之门外，从而判定道家书『多是半通不通的鬼话』。这也正印证了『知者不博，博者不知』这一哲言。

圣人不刻意积累财富，一心为众人着想，自己反而愈富有；竭尽全力地奉献于人们大众，自己反而得到的越多。这就如同众多的历史伟人，他们并没有为了金钱和名声而活着，反而获得了更多的福利和荣誉。这一节，老子用辩证的观点，为世人指明了经营之道和处世之道。体现了『我为人人，人人为我』的集体主义思想。

自然规律是利万物而不害万物。圣人效法自然，乐于奉献而不索取。这是老子效法自然的思想，表明了老子的世界观、人生观和价值观。

本章是对《道德经》的概括和总结，昭示了老子彻底的自然主义思想、科学的辩证法和微观认识论，并号召人们走集体主义道路，遵自然之道，行圣人之道。

附录一：老子及其《老子》

老子（生卒年不详），姓李，名耳，字聃，楚国苦县（今河南鹿邑县）厉乡曲仁里人（一说为今安徽涡阳人）。曾做过周王室管理藏书的史官，后来隐居不仕，不知所终。我国古代著名的哲学家、思想家，道家学派的创始人。在我国民间，老子被称为太上老君、道德真君，关于他有很多神话传说。

老子一生中最大的成就是开创了道家学派，并为后人留下了一部五千余言的《老子》。《老子》分《道经》《德经》，合称《道德经》。在此书中，老子详细阐述了他的『无为』思想，认为『为无为，则无不治』，对后世产生了深远的影响，汉代黄老之术就是对『无为而治』的直接继承。

一、老子生平

关于老子的身世有着非常美丽的传说，尤其是他的降生，充满了传奇的色彩。传说他的母亲是感受了从天而降的神灵所化之气而怀孕，一怀就是整八十一年。一天，他的母亲正坐在李树下歇息，忽听天上仙乐奏鸣，四周香风阵阵，便觉左腋一阵剧痛，随之从腋下生出一个鹤发童颜、顶有日光、身滋白血、面凝金色、耳有三孔、美眉广颊的小孩。孩子一生下来就走了九步，步落之处，莲花绽起。他左手指天，右手指地，说：『天上地下，唯我独尊，我当开扬无上道法，普度一切芸芸众生。』他还指着面前的李树说：『这就是我的姓。』当他的

母亲带他去洗澡时，九条神龙飞驾而来，化做九条巨鲤，吸水为他喷浴。虽然这段传说像女娲以五彩石补天，精卫衔木而填沧海那样的虚幻，但不得不说老子的确是一位非凡的传奇之人。

老子从小就勤于用脑。独自一人时，他常常面对浩瀚天穹和河中的流水久久沉思，似乎在揣摩大自然的奥秘。

有一次，老子与一群小伙伴在一棵大树下玩耍。老子看到大树上写着一个『楝』字，就对小朋友说，这是一棵楝树，而在大树另一侧的小朋友则说这是槐树。两人为此发生了争执。后来，两个人围着大树转了一圈，才发现树的一侧虽然写着『楝』字，但另一侧写的却是『槐』字，实际上是一棵楝槐连理树。通过这件事，老子懂得了看问题要全面、不能以偏概全的道理。

老子十分喜欢家乡的小河，在他看来，小河不仅默默流淌，日夜不息，滋润着两岸的土地，而且能够包容忍让，碰到有东西阻碍，便悄然绕道离去，从不嫌弃污浊和阴暗。有时候它是涓涓细流，柔弱无比，可一旦到了洪水季节，它又像脱缰的野马，浩浩荡荡，气吞万里，无坚不摧。正所谓『天下莫柔弱于水，而攻坚强者莫之能胜』。家乡的小河就像一本读不完的书，使老子获益匪浅。它那『善利万物而不争』的禀性，对老子后来哲学思想的形成，产生了重大的影响。

少年时期，经族人介绍，老子拜著名学者商容为师。一次，他听说老师得了重病，便前去探望。据说当时商容问了老子三个极富哲理性的问题。

商容首先问：『不论什么人，经过故乡时都要下车，你知道这是为什么吗？』老子答：『这是表示人不论如何发达显贵，都不应忘记家乡、忘记根本。』商容点了点头，表示赞许，又问：『人从高大的树木旁边经过时，都要弯腰鞠躬，这又是为什么？』老子说：『在高大的树下弯腰，是表示敬老的意思。』

紧接着，商容又问了第三个难度更大的问题。他先张开嘴让老子看，然后问：『我的舌头在吗？』老子答：『在。』又问：『我的牙齿还在吗？』老子摇了摇头：『没有了。』商容接着问道：『知道这是为什么吗？』老子略加思索回答：『舌头还存在，是因为它柔弱；牙齿掉光了，那是因为它太刚强。』商容见老子聪明过人，十分满意。他进一步教导说：『要记住，水虽是至柔之物，但滴水却能穿石；舌头虽然没有牙齿坚硬，但却能以柔克刚。最柔软的东西里，蕴藏着人们很难发现的巨大力量，这种力量甚至能够穿透世上最坚硬的东西。现在我已经把天下最根本的道理都告诉你了，再也没有什么东西可以教你了。』

随着人品和学识的不断长进，老子的名气也越来越大。鲁襄公二十二年（公元前551年）前后，因朝廷史官空缺，老子被选中担任了守藏吏，相当于周王室典籍图书档案馆的馆长。因为这一便利条件，老子得以博览群书。除历代文诰、档案资料、诗，他还读了《军志》《建言》《易》《尚书》等大量的图书文献，成为一名精通周礼理论和制度的学者。作为史官，老子还承担记录一切重大政治活动的职责。

当时，周王室由甘氏一族的甘简公执政，他与族人甘成公、甘景公不和。鲁昭公六年（公元前536年），大概是因为记事不合甘景公的意，老子被免去了史官之职。被免职后，老子出游鲁国。

鲁昭公十二年（公元前530年），甘平公登基，老子被召回守藏室继续任职。鲁昭公二十二年（公元前520年），周王室内乱再起，王子朝杀掉王子猛（周悼王），自立为王。五年后，王子朝被众诸侯赶下台，携带大批周朝典籍逃往楚国。老子因此被追究失职之责，再次被免去守藏室吏之职，老子遂返回阔别多年的故乡。

在故乡，老子目睹了连年战火带来的灾难：土地荒芜，满目疮痍，民不聊生。这使他更加痛恨朝政的腐败，对『仁义』的看法彻底动摇，毅然与周礼决裂。从此，老子把对现行制度的批判以及救世方略的思考，升华为对宇宙生成及万物本原的探索，成为先秦伟大的思想家、哲学家及道家学派的创始人。

据说老子离开函谷关进入秦国后，遍游秦国，最后隐居于扶风一带讲学，传播他的道家思想，并终老于扶风。由于老子学识渊博，待人宽厚，深受当地百姓爱戴，所以他死后前来吊唁的人非常多。因老子曾在槐里讲学，百姓们为了怀念他，将他葬于槐里，就是现在陕西省周至县东南的终南山麓。

二、《老子》及其思想

老子主张以『无为』达到『无不为』，复归人的本性，走向『自然』这一最高境界。相传老子应关尹之请写下《老子》后，出函谷关，向西归隐而去。

《老子》一书是老子思想的结晶。全书采取韵文体，约5000字，分上下两篇，共八十一章。其中阐释了老子的社会政治思想、朴素辩证法思想，重点阐释了老子的唯心主义思想体系的核心——『道』。『道』是世界万物的本源，他从天人同构、身国一理的思路出发，从个人的身心修养中寻找治国之道。老子身处礼崩乐坏、人欲横流的末世，针对当权者唯利是图、穷奢极欲的妄为、躁进，他从清净无为的养身体验中得出了天道无为的结论，崇尚一种民风质朴的『小国寡民』的政治体制。老子既讲究积极的进取之道，肯定人的『功成名就』，又告诫人们要超越狭隘的占有欲，倡导『身退，天之道也。』老子既讲『自然』『无欲』『柔弱』『处下』，也倡导『柔弱胜刚强』，认为『强行者有志』。老子丰厚的生活阅历，使他创造的道家学说具有很强的生命力，不同的人都能在其中找到自己人生的智慧所在。

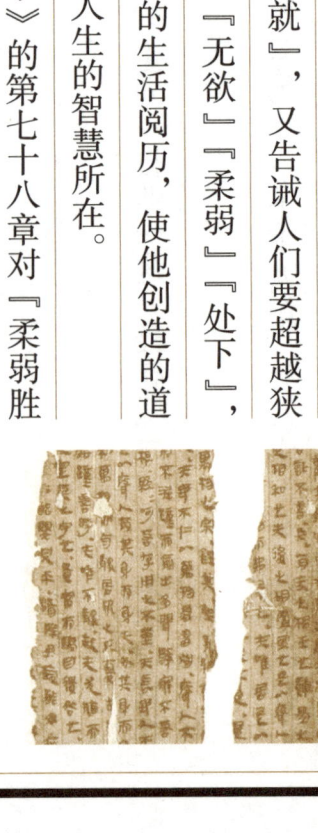

『柔弱胜刚强』是老子长期以来思考的结果。《老子》的第七十八章对『柔弱胜刚强』作了阐释：『天下莫柔弱于水，而攻坚强者莫之能胜，以其无以易之。弱之胜强，柔之胜刚，天下莫不知，莫能行。』第七十六章由水到人，再到草木，讲了人活着的时候柔弱，死了变得坚强；万物草木活着的时候柔脆，死了变得枯燥。因此得出了坚强的东西属于死亡一类，柔弱的东西属于生存一类的结论。并因树木强大会折断，从而推断军队强大就会灭亡。

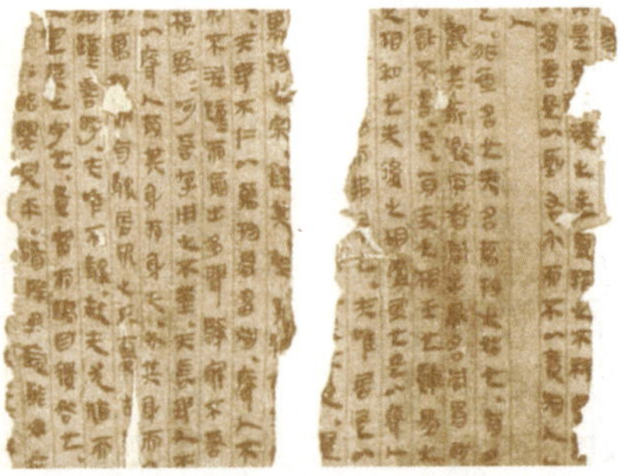

在老子看来，柔弱具有一种强大的生命力，不是虚弱，不是脆弱，而是柔韧，有一种不断发展、成长的动力，必定能战胜『强大』。因为，『强大』也就意味着已在走向死亡——物壮则老。

用《管子·明法解》的话说：『国君擅生杀，制群臣，富天下，威势尊显。』可谓雄强阳刚之至。要保持住刚强，不是立足于正面，而是立足于反面；不是运用刚强，而是保持阴、柔、弱、雌、厚。所以老子一方面委婉地暗示人君者：『天下之至柔（水与气），驰骋天下之至坚，无有入无间』（四十三章）；另一方面老子则明确地提倡：『知其雄，守其雌』『知其荣，守其辱』『知其白，守其黑』（二十八章），即自知刚强，却始终保持柔弱。

『以柔弱胜刚强』是《老子》的决胜之道，既是为人处世之道，又是治国之道，是老子辩证法思想的集中体现。

三、《老子》的文学成就

老子的文章具有极高的文学性，对后世文学的影响很大。

首先，《老子》高度地发挥了文学的特定社会作用，对当时人们认识自然现象与社会生活发挥了重要作用。文学作品是社会生活的形象反映，优秀的文学作品可以真实地再现自然和社会现象中的各种场景，反映一定历史时期的经济、政治、文化，展现不同阶级、不同人物的精神面貌，揭示当时人们的各种现实关系，使读者获得关于历史和现实、社会与人生的各种正确认识，《老子》在这些方面均有体现。

其次，老子写作技巧娴熟。仅有5000多字的《道德经》，包含那么丰富的内容而且首尾贯通。老子的文学技巧可归纳为：

（1）文简意赅，文短味长。善于用三字、四字构成对句，绘声绘色地描写自然现象和社会生活图景。后人把《道德经》分为八十一章，每一章字数不多，多者八十余字，少者二十余字，但它却像一串串珍珠，一句一理间错而不断，还往往押韵，增加了文章的可读性。

（2）妙用比喻，妙用对句。妙用比喻如第五章的『天地不仁，以万物为刍狗』、第二十六章的『重为轻根，静为躁君』；妙用对句如第一章的『无名，天地之始；有名，万物之母』、第二章的『处无为之事，行不言之教』之类。每句话都熔铸着作者的强烈思想感情，这就是老子妙用比喻和对句的结果。

（3）善用对比词。老子善于用矛盾来说明事物相互转化的自然法则，在造句时信手拈来反正词，巧妙地结合一起使它能揭示自然现象和社会现象的本质，如：有无、同异、美恶、难易、长短、上下、高低、前后、虚实、强弱等。

（4）以明理的散文为本。自六经以来诸子百家的论述文章皆为寓理的工具，《老子》也不例外，但《老子》文章情节结构和表现形式，却也别具特色。老子力求文工，一个道理常以数个同义词，反复论证，再因语短而味长，理明而事赅，而不觉重复。老子的文章形式从其内容来看不是『文章必以体制为先』，不求驾空、纤巧，而是靠事实，叙述议论，词正理备。《道德经》八十一章，从头到尾前后呼应、条理清晰、没有混淆之处，满足了结构服从主题的要求。

四、老子轶事

1. 点化阳子居

一日，老子骑牛行至梁之郊外，正闭目养神，忽闻有人大呼『先生』。老子闻声睁开双目，发现是弟子阳子居（也称杨子居）。阳子居是魏国人，曾入周太学，闻老子学识渊博，私拜老子为师。这一日没想到在梁地与老子相遇，阳子居慌忙从马上翻身而下，跪拜于老子所乘青牛前。

老子问道：『杨子近来忙于何事？』阳子居施礼道：『来此访先祖故居，购置房产，修梁饰栋，招仆聘役，整家治规。』老子道：『有卧身之地、饮食之处则足矣，何需如此张扬？』阳子居道：『先生修身，坐需寂静，行需松弛，饮需素清，卧需安宁，非有深宅独户，何以能如此？置深宅独户，不招仆役，不备用具，何以能撑之？招聘仆役，置备用具，不立家规，何以能治之？』老子笑道：『大道自然，何须强自静？行无求而自松，饮无奢而自清，卧无欲而自宁，修身何需深宅？腹饥而食，体乏而息，日出而作，日落而寝，居家何需众役？顺自然而无为，则神安体健；背自然而营营，则神乱而体损。』阳子居知己浅陋，惭愧道：『弟子鄙俗，多谢先生指教。』老子问：『安居何处？』阳子居道：『沛地。』老子说：『你我正好相伴同行。』阳子居很高兴，欣然与老师结伴向东而行。

二人行至难水，乘船而渡。老子牵牛先登，阳子居引马后上。老子慈容笑貌，与同渡乘客谈笑融融；阳子居昂首挺胸，客人见之施之以座，船主见之奉茶献巾。上岸后，二人继续前行。

老子叹道：『刚才观你神态，昂首挺胸，傲视旁人，唯己独尊，狂妄自大，不可教也。』阳子居面带愧色，恳言道：『弟子习惯成自然，一定改之！』老子道：

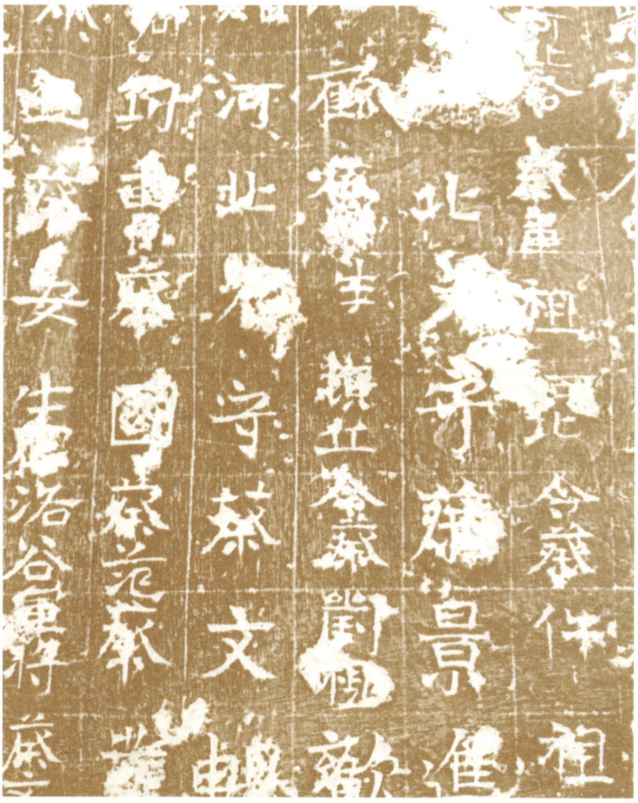

『君子与人处，若冰释于水；与人共事，如童仆谦下。洁白无瑕，而似含垢藏污；德性丰厚，而似鄙俗平常。』

阳子居听后，一改原来高傲神态，其貌不矜亦不恭，其言不骄亦不媚。老子赞曰：『小子稍有进！人者，生于父母之身，立于天地之间，自然之物也。贵己贱物则背自然，贵人贱己则违本性。等物齐观，物我一体，顺势而行，借势而止，言行不自然，则合于道矣！』

2. 豁然论生死

老子任周守藏室史时，曾数次归家省亲，欲劝母亲跟他一起去周居住。其母因久住陈国相邑，人熟地熟，不愿远迁，老子苦劝无果，只得作罢。

日月如梭，光阴荏苒，转眼间已过三十余年。一日，老子忽得家讯，言其母病危，于是报请天子，归家省视。可等他回到家时，其母已经辞世。面对茫茫大地上一堆黄土，念及九泉之下母亲之灵，回忆母亲慈祥容貌、养育之恩，老子悲痛欲绝，一连几日寝食俱废，席地而坐，沉思冥想。几日后忽觉自己愚钝，顺理追索，恍然大悟，如释重负，愁苦消解，顿觉腹饥体倦，于是饱餐一顿，倒头大睡。家将、侍女皆感奇怪，待其醒来，问其缘故。老子答道：『人生于世，有情有智。有情，故人伦谐和而相温相暖；有智，故明理通达而理事不乱。情者，智之附也；智者，情之主也。以情通智，则人昏庸而事颠倒；以智统情，则人聪慧而事合度。母亲生聃，恩重如山。今母辞聃而去，聃之情难断。情难断，人之常情也。难断而不以智统，则乱矣，故悲而不欲生。今聃端坐而沉思，忽然智来，以智统情，故情可节制而事可调理也。情得以制，事得以理，于是腹中饥而欲食，体滋倦而欲睡。』

家将问道：『智何以统情？』老子答道：『人之生，皆由无而至有也；由无至有，必由有而返无也。

无聃之母及聃之时，无母子之情也；有聃之母及聃，始有母子之情也；母去聃留，母已无情而子独有情也；母聃皆无之时，则于情亦无也。人情未有之时与人情返无之后不亦无别乎？无别而沉溺于情、悲不欲生，不亦愚乎？故骨肉之情难断矣，人皆如此，合于情也；难断而不制，则背自然之理也。背自然之理则愚矣！聃思至此，故食欲损而睡可眠矣。』众人闻之，心皆豁然旷达。

3. 论养生之道

老子隐居宋国沛地后，自耕而食，自织而衣，自食其力。但各地慕其名者仍接踵而至，求问修道之方、学术之旨、处世之要，记名其弟子者遍于天下。

有个弟子名庚桑楚，深得老子之道，住在北部畏垒山上。三年后，畏垒之地民风大变：男耕而有粟可食，女织而有衣可穿，各尽其能，童叟无欺，百姓和睦，世间太平。众人欲拥戴庚桑楚为君主。庚桑楚闻之，心中不悦，意欲迁居。有弟子不解其意，庚桑楚道：『巨兽张口可以吞车，其势可谓强矣，然独步山林之外，则难免网罗之祸；巨鱼张口可以吞舟，其力可谓大矣，然跃于海滩之上，则众蚁可以食之。故鸟不厌天高，兽不厌林密，鱼不厌海深，兔不厌洞多。天高，鸟可以飞矣；林密，兽可以隐矣；海深，鱼可以藏矣；洞多，兔可以逃矣。皆为保其身而全其生也。保身全生之人，宜敛形而藏影也，故不厌卑贱平庸。』

庚桑楚弟子中有一人名南荣，年过三十，听了庚桑楚这一番话，便向老师求教养生之道。庚桑楚道：『古人曰：「土蜂不能孵青虫，越鸡不能孵鸿鹄。」各有所能，各有所不能也。桑楚之才有限，不足以化汝，汝何不南去宋国沛地求教老子先生？』南荣闻言，辞别庚桑楚，顶风冒雪，行七日七夜而至老子居舍。

南荣拜见老子，道：『弟子南荣，资质愚钝难化，特行七日七夜，来此求教圣人。』老子道：『汝求何道？』南荣道：『欲求养生之道。』老子曰：『养生之道，在神静心清。静神心清者，洗内心之污垢也。心中之垢，一为物欲，一为知求。去欲去求，则心中坦然；心中坦然，则动静自然。动静自然，则心中无所牵挂。于是乎当卧则卧，当起则起，当行则行，当止则止，外物不能扰其心。故学道之路，内外两除也；得道之人，内外两忘也。内者，心也；外者，物也。内外两除者，内去欲求，外除物诱也；内外两忘者，内忘欲求，外忘物诱也。由除至忘，则内外一体，皆归于自然，于是达于大道矣！如今，汝心中念念不忘学道，亦是欲求也。除去求道之欲，则心中自静；心中清静，则大道可修矣！』

南荣闻言，苦心求道之意顿消，如释重负，身心也变得清凉爽快、舒展旷达、平静淡泊。于是拜谢老子道：『先生一席话，胜我十年修。如今弟子不请教大道，但愿受养生之经。』

老子道：『养生之经，要在自然。动不知所向，止不知所为，随物卷曲，随波而流，动而与阳同德，静而与阴同波。其动若水，其静若镜，其应若响，此乃养生之经也。』南荣问道：『此乃完美之境界乎？』老子道：『非也。此乃清融己心，入于自然之始也。倘入完美境界，则与禽兽共居于地而不以为卑，与神仙共乐于天而不以为贵；行不标新立异，止不思虑计谋，动不劳心伤神；来而不知所求，往而不知所欲。』南荣问道：『如此即至境乎？』老子道：『未也。身立于天地之间，如同枯枝槁木；心居于形体之内，如同焦叶死灰。如此，则赤日炎炎而不觉热，冰雪皑皑而不知寒，剑戟不能伤，虎豹不能害。于是乎祸亦不至，福亦不来。祸福皆无，苦乐皆忘也。』

4．孔子问礼

在我国思想文化发展史上，孔子和老子是两位具有代表性和开创性的人物。作为儒家与道家学说的创始人，他们都生活在春秋晚期。在先秦典籍中，道家学派的《庄子》、儒家学派的《礼记》和综合各家学派的《吕氏春秋》中，都记载了孔子问礼于老子这一史实，汉代司马迁《史记》中也有记载。

第一次有年代可考的是孔子十七岁时曾问礼于老子，即鲁昭公七年（公元前535年），地点在鲁国的巷党。《礼记·曾子问》载有孔子向老子问礼的四则故事，其中载：『孔子曰：「昔者吾从老子助葬于巷党，及土恒，日有食之。」』《水经注·渭水注》记载：『孔子年十七，问礼于老子。』

第二次是在春秋昭公二十四年（公元前518年），地点在周都洛邑（今洛阳）。《史记·老子韩非列传》载：『孔子适周，将问礼于老子。老子曰：「子所言者，其人与骨皆已朽矣，独其言在耳。且君子得其时则驾，不得其时则蓬累而行。吾闻之，良贾深藏若虚，君子盛德，容貌若愚。去子之骄气与多欲，态色与淫志，是皆无益于子之身。吾所以告子，若是而已。」孔子去，谓弟子曰：「鸟，吾知其能飞；鱼，吾知其能游；兽，吾知其能走。走者可以为罔，游者可以为纶，飞者可以为矢。至于龙，吾不能知，其乘风云而上天。吾今日见老子，其犹龙邪！」』这里的老子对孔子所说的『深藏若虚』『容貌若愚』『去骄气与多欲，态色与淫志』，与《老子》书中的一贯思想也是一致的。《史记·孔子世家》亦载：『鲁南宫敬叔言鲁君曰：「请与孔子适周。」鲁君与之一乘车，两马，一竖子俱，适周问礼，盖见老子云。辞去，而老子送之曰：「吾闻富贵者送人以财，仁人者送人以言。吾不能富贵，窃仁人之号，送子以言。曰：聪明深察而近于死者，好议人者也。博辩广大危其身者，发人之恶者也。为人子者毋以有己，为人臣者毋以有己。」孔子自周反于鲁，弟子稍益进焉。』《史记》所载基本上是可信的。

第三次是孔子五十一岁时，即周敬王二十年（公元前500年），地点在一个叫沛的地方。《庄子·天运》

载曰：『孔子行年五十一而不闻道，乃南之沛见老子。』

第四次在鹿邑，具体时间不详。《吕氏春秋·当染》记载：『孔子学于老子、孟苏、夔靖叔。』关于这次拜见老子，也有出土实物可证，即1992年安徽省亳州市文物部门在鹿邑太清宫镇东北方向五公里的安溜镇发现了『问礼宫石刻』，说明孔子也曾到过老子的故里鹿邑。在出土汉画像石中，关于『孔子见老子』的雕刻图像是常见的，尽管各地出土的这种画像在艺术表现手法、雕刻风格、视觉形象等方面存在着差异，但孔子问礼老子、宣扬儒家思想的主题却是统一的。

需要指出的是，孔子、老子的时代还没有儒道之分，诸子门派对立是发生在二人辞世之后，诸子崛起各执师之一端互相非难的百家争鸣之时，这个现象从《汉书·艺文志》诸子百家的著作目录中可以看出。儒、道文化同源而异流，两家文化本有着千丝万缕的联系和诸多共通之处，只是由于不同的文化主张，产生了两条风格各异的思想文化发展道路。因此，汉画像石『孔子见老子』也反映出了儒、道两种思想文化在中国不同历史阶段中的交流与发展，对我国文化的影响是深远的。

庄子

逍遥游

北冥[1]有鱼，其名为鲲。鲲之大，不知其几千里也。化而为鸟，其名为鹏。鹏之背，不知其几千里也。怒[2]而飞，其翼若垂天之云。是鸟也，海运则将徙于南冥。南冥者，天池也。《齐谐》者，志怪者也。《谐》之言曰：『鹏之徙于南冥也，水击三千里，抟扶摇而上者九万里，去以六月息者也。』野马也，尘埃也，生物之以息相吹也。天之苍苍，其正色邪？其远而无所至极邪？其视下也，亦若是则已矣。且夫水之积也不厚，则其负大舟也无力。覆杯水于坳堂之上，则芥为之舟。置杯焉则胶，水浅而舟大也。风之积也不厚，则其负大翼也无力，故九万里则风斯在下矣，而后乃今培风；背负青天而莫之夭阏者，而后乃今将图南。蜩与学鸠笑之曰：『我决起而飞，抢榆枋，时则不至，而控于地而已矣，奚以之九万里而南为？』适莽苍者，三餐而反，腹犹果然；适百里者，宿舂粮；适千里者，三月聚粮。之二虫又何知？小知不及大知，小年不及大年。奚以知其然也？朝菌不知晦朔，蟪蛄不知春秋，此小年也。楚之南有冥灵者，以五百岁为春，五百岁为秋；上古有大椿者，以八千岁为春，八千岁为秋，此大年也。而彭祖乃今以久特闻，众人匹之，不亦悲乎。

汤之问棘也是已：『穷发之北有冥海者，天池也。有鱼焉，其广数千里，未有知其修者，其名为鲲。有鸟焉，其名为鹏，背若太山，翼若垂天之云，抟扶摇羊角而上者九万里，绝云气，负青天，然后图南，且适南冥也。斥鴳笑之曰：「彼且奚适也？我腾跃而上，不过数仞而下，翱翔蓬蒿之间，此亦飞之至也。而彼且奚适也？」』此小大之辩也。

故夫知效一官、行比一乡、德合一君、而征一国者，其自视也亦若此矣。而宋荣子犹然笑之。且举世而誉之而不加劝，举世而非之而不加沮，定乎内外之分，辩乎荣辱之境，斯已矣。彼其于世，未数数然③也。虽然，犹有未树也。夫列子御风而行，泠然善也，旬有五日而后反。彼于致福者，未数数然也。此虽免乎行，犹有所待者也。若夫乘天地之正，而御六气之辩，以游无穷者，彼且恶乎待哉？故曰：至人无己，神人无功，圣人无名。

【注释】

①冥：亦作溟，海之意。

②怒：奋起。

③数数然：急急忙忙的样子。

【译文】

有一条北方大海里的鱼，它的名字被人叫作鲲。鲲的体积，真不知道到底有多大；变化成为鸟，它的名字就叫鹏。鹏的脊背，不晓得长到几千里；当它奋起而飞的时候，那展开的双翅就像天边的云。这只鹏鸟，随着海上汹涌的波涛迁徙到南方的大海。南方的大海据说是个天然的大池。《齐谐》是一部专门记载怪异事情的书，这本书上记载说：『当鹏鸟迁徙到南方大海的时候，翅膀拍击水面激起几千里的波涛，海面上急骤的狂风盘旋而上，直冲几万里高空，离开北方的大海用了六个月的时间方才停下来。』春日原野上随风浮动仿如狂奔的雾气，空气里沸沸扬扬的尘埃，都是大自然里各种生物的气息吹拂所致。天空是多么湛蓝，这就是它真正的颜色吗？也许是高旷辽远没法看到它的尽头呢？鹏鸟俯瞰，也许也就像这个样子罢了。水汇积不深，它浮载大船就力量不足。倒杯水在低洼处，就连小小的芥草也可以给它当作船；而放一个杯子就粘住不动了，因为水太浅而船太大了。风的力量不雄厚，它的巨大的翅膀便没有力量。所以，鹏鸟高飞几万里，狂风跟随着它，然后它才凭借风力飞行，没有什么力量能够阻遏它了，这样它才飞到南方去。寒蝉与小灰雀嘲笑它说：『我飞起来，碰着榆树和檀树的树枝，常常飞不到就落在地上，为什么要到万里的高空而向南飞呢？』去到郊野，带上三餐就可以，返回来肚子还是饱饱的；到百里之外去，要用一整夜时间准备干粮；到千里之外去，三个月以前就要准备粮食。寒蝉和灰雀它们懂得什么？小聪明比不上大智慧，寿命短比不上寿命长。它们怎么知道是这样的呢？早晨的菌类不会懂得什么是晦朔，寒蝉也不会懂得什么是春秋，这就是短寿。有叫冥灵的大龟生活在楚国，它把五百年当作春季，把五百年当作秋季；上古有叫大椿的古树，它把八千年当作春季，把八千年当作秋季，这就是长寿。可是彭祖到现在还是以年寿长久而闻名于世，人们与他攀比，难道不可悲可叹吗？

商汤询问棘的话是这样说的：『在一个草木不生的北方，有一个很深的大海，叫作「天池」。在那有一种鱼，它的脊背长有几千里，到底有多长没有人知道，它的名字叫作鲲；还有一种鸟，它的名字叫鹏，它的脊背高似山，展开双翅就像天上的云。鹏鸟起飞，翅膀拍击向上的气流，直冲万里高空，穿过云层，向南飞去，打算飞到南方的大海。斥鴳讽刺它说：「你想飞到哪儿去？我努力跳起来往上飞，不过几丈高，盘旋于蓬蒿丛中，这也是我飞的最高了。而你想飞到什么地方去呢？」』这就是小与大不一样的地方了。

因此，那些才智能够胜任一个官职，品行符合一乡人心愿，道德能使国君感到满意，能力可取信一国之人的人，他们看待自己也像是这样。而宋荣子却嘲笑他们。世上的人们都称赞他，他不会越发努力，世上的人们都难为他，他也不会因此而更加难过。他清楚地划定自身与外物的不同，辨别荣誉与耻辱的界限，不过如此而已！宋荣子从来不急急忙忙地去追求什么。尽管如此，他还是未能达到最高的境界。列子能驾风行走，那形象实在轻盈美好，而且十五天后才回来。列子对于寻求幸福，从来没有显得急急忙忙的样子。他这样做尽管免除了行走的劳苦，可还是有所依凭。那么遵循宇宙万物的规律，把握『六气』的变化，遨游于无穷无尽的境域，他还依靠什么呢！所以说，道德修养高尚的人能够达到忘我的境界，精神世界完全超脱物外的人心目中没有功名利禄，思想修养近于完美的『圣人』从不去追求名利。

尧让天下于许由，曰：『日月出矣，而爝①火不息，其于光也，不亦难乎！时雨降矣，而犹浸灌，其于泽也，不亦劳乎！夫子立而天下治，而我犹尸之，吾自视缺然，请致天下。』许由曰：『子治天下，天下既已治也，而我犹代子，吾将为名乎？名者，实之宾也，吾将为宾乎？鹪鹩巢于深林，不过一枝；偃鼠饮河，不过满腹。归休乎君，予无所用天下为！庖人虽不治庖，尸祝不越樽俎而代之矣。』

肩吾问于连叔曰：『吾闻言于接舆，大而无当，往而不反。吾惊怖其言，犹河汉而无极也，大有径庭，不近人情焉。』连叔曰：『其言谓何哉？』曰：『藐姑射之山，有神人居焉。肌肤若冰雪，淖约若处子；不食五谷，吸风饮露；乘云气，御飞龙，而游乎四海之外；其神凝，使物不疵疠而年谷熟。吾以是狂而不信也。』连叔曰：『然，瞽者无以与乎文章之观，聋者无以与乎钟鼓之声。岂唯形骸有聋盲哉？夫知亦有之。是其言也，犹时女也。之人也，之德也，将旁礴[2]万物以为一，世蕲乎乱，孰弊弊焉以天下为事！之人也，物莫之伤，大浸稽天而不溺，大旱金石流、土山焦而不热。是其尘垢秕糠，将犹陶铸尧舜者也，孰肯以物为事？』

宋人资章甫而适越，越人断发文身，无所用之。尧治天下之民，平海内之政，往见四子藐姑射之山，汾水之阳，窅然[3]丧其天下焉。

【注释】

①爝：小火。

②旁礴：混同的样子。

③窅然：怅然若失的样子。

【译文】

尧要把天下让给许由，尧感叹说：『日月都出来了，而火把还不熄灭，它要和日月比光，不是很可笑吗！

时雨已经下了，还在用人浇灌，这对于灌溉禾苗，不是白白折腾吗！如果立你为天子，天下就能太平，而我还占着这个位子，自己觉得很羞愧，请让我把天下交给你管理。』许由说：『你治理天下，天下已经太平了，而我还来代替你管理，我是为了名吗？名利、地位都是实际的附属品，难道我是为了附属物而献身吗？鹪鹩在深林里筑巢，只要一根树枝就够了；偃鼠到河里喝水，只要喝饱肚皮就行了。你回去吧！天下对我来说没有一点用处。厨师就算不尽职，尸祝也不必越位，代替他去烹调。』

肩吾问连叔：『我听接舆说话，夸大而不实际，只顾侃侃而谈而不去相互印证。他的言论像银河那样无边无际让我吃惊，他的话与常人太不一样，荒唐到了让人无法理解的地步。』连叔问：『他说什么？』肩吾说：『他说：「姑射山上住着一位神人，肌肤洁白得像雪，身姿柔美得好似处女；不吃粮食，吸清风喝露水；乘着云，驾着龙，遨游于四海之外；他的神情专一，能让万物不受灾害而五谷丰登。」我认为他的话是假的不能相信的。』连叔说：『是这样的。瞎子无法让他看到花纹的美丽，聋子无法使他听到钟鼓的声音。难道只有形体上才有聋有瞎吗？在思想上也有这样的缺陷的。其实这些话，指的就是你。那位神人，他的品德，将要同万物一样，世人期他来治理天下，但他怎么会来管这种俗事呢！这样的人，没有什么事物能伤害他，洪水来临也不会溺死他，大旱使金石熔化、土山焦裂，却不会使他感到炽热。他留下的尘埃，还是能陶铸成尧舜那样的圣人来，他怎么愿意以管理天下作为事业呢！

宋国人到越国去贩卖帽子，越国人剪发纹身，不用它。尧治理天下的人民，平定海内的政事，到姑射山上、汾水的北面去拜见四位有道之士，不禁怅然若失，忘掉了天下。』

惠子谓庄子曰：『魏王贻我大瓠之种，我树之成而实五石。以盛水浆，其坚不能自举也。剖之以为瓢，则瓠落无所容。非不呺然①大也，吾为其无用而掊之。』庄子曰：『夫子固拙于用大矣。宋人有善为不龟手之药者，世世以洴澼絖为事。客闻之，请买其方百金。聚族而谋曰：「我世世为洴澼絖，不过数金；今一朝而鬻技百金，请与之。」客得之，以说吴王。越有难，吴王使之将，冬与越人水战，大败越人，裂地而封之。能不龟手一也，或以封，或不免于洴澼絖，则所用之异也。今子有五石之瓠，何不虑以为大樽而浮于江湖，而忧其瓠落无所容？则夫子犹有蓬之心也夫！』

惠子谓庄子曰：『吾有大树，人谓之樗。其大本拥肿而不中绳墨，其小枝卷曲而不中规矩，立之涂，匠者不顾。今子之言大而无用，众所同去也。』庄子曰：『子独不见狸狌乎？卑身而伏，以候敖者；东西跳梁，不避高下；中于机辟②，死于罔罟。今夫犛牛，其大若垂天之云。此能为大矣，而不能执鼠。今子有大树，患其无用，何不树之于无何有之乡③，广莫之野，彷徨乎无为其侧，逍遥乎寝卧其下。不夭斤斧，物无害者，无所可用，安所困苦哉！』

【注释】

①呺然：庞大而又中空的样子。

②机辟：捕兽的机关陷阱。

③无何有之乡：指什么也没有生长的地方。

【译文】

惠子对庄子说：『魏王送我大葫芦种子，我将它养植起来后，结出的果实有五石那么多。用大葫芦去盛水，但是它的牢固程度承受不了水的压力。把它做瓢也太大了，哪有地方可以放得下。这个葫芦不是不大，我认为它没有什么用处，砸烂了它。』庄子说：『先生确实是不善于使用大东西啊！宋国有一善于调制不皲手药物的人，世世代代漂洗丝絮。有个游客听说了这件事，想用百金的高价收买他的药方。全家人在一起商量：「我们世世代代在河水里漂洗丝絮，所得很少，现在一下子就可卖得百金。还是把药方卖给他吧。」游客得到药方，来游说吴王。正巧越国发难，吴王派他统领部队，冬天跟越军在水上交战，大败越军，吴王划割土地封赏他。能使手不皲裂，药方是一样的，有的人用它来获得官职，有的人却只能靠它在水中漂洗丝絮，这是使用的方法不一样。现在你有五石大的葫芦，为什么不考虑用它来制成舟，让它在江湖上，却担心葫芦太大无处可容？看来先生你还是没有智慧啊！』

惠子继续对庄子说：『我有棵大树，人们都叫它「樗」。它的树干却歪歪斜斜，不符合绳墨取直的要求，它的树枝弯弯曲曲，也不适应圆规和角尺取材的要求。尽管生长在道路旁，木匠连看也不看。现在你的言谈，夸大而无用，大家都会耻笑的。』庄子说：『先生你见过野猫和黄鼠狼吗？低着身子趴在地上，等待那些出洞觅食或玩乐的小动物。一会儿东，一会儿西，跳来跳去，一会儿高，一会儿低，上下窜跃，却没想到落入猎人设下的陷阱，死于猎网之中。还有那斄牛，庞大的身体仿佛天上的云。它的本事可不小，但是不能捕捉老鼠。现在你有这么大一棵树，却忧愁它没有什么用处，为什么不把它栽种在什么也没有生长的地方，栽种在旷野里，怡然自得地徘徊于树旁，舒服地躺于树下。大树不会遭到刀斧砍伐，也没有什么东西会去伤害它。就算没有派上什么用场，可是哪里又会有什么烦恼呢？』

【品读】

《逍遥游》是《庄子》的第一篇，集中代表了庄子的哲学思想。此文主题是追求一种绝对自由的人生观。作者认为，只有忘却物我的界限，达到无己、无功、无名的境界，无所依凭而游于无穷，才是真正的『逍遥游』。文章先是通过大鹏与蜩、学鸠等小动物的对比，阐述了『小』与『大』的区别；在此基础上作者指出，无论是不善飞翔的蜩与学鸠，还是能借风力飞到九万里高空的大鹏，甚至是可以御风而行的列子，它们都是『有所待』而不自由的，从而引出并阐述了『至人无己，神人无功，圣人无名』的道理；最后通过惠子与庄子的『有用』『无用』之辩，说明不为世所用才能『逍遥』。全文想象丰富，构思新颖，雄奇怪诞，汪洋恣肆，字里行间里洋溢着浪漫主义精神。

『逍遥游』是庄子的人生理想，是庄子人生论的核心内容。『逍遥游』是指『无所待而游无穷』，对世俗之物无所依赖，与自然化而为一，不受任何束缚自由地游于世间。『逍遥』，在庄子这里是指人超越了世俗观念及其价值的限制而达到的最大的精神自由。『游』，并不是指形体之游，更重要的是指精神之游，形体上的束缚被消解后，自然就可以悠游于世。逍遥游就是超脱万物、无所依赖、绝对自由的精神境界。在庄子看来，达到这种境界的最好方法就是『心斋』『坐忘』，这两者体现了一种精神自由和天人合一的精神逍遥游。

齐物论

南郭子綦[①]隐机而坐，仰天而嘘，荅焉[②]似丧其耦。颜成子游立侍乎前。曰：『何居乎？形固可使如槁木，而心固可使如死灰乎？今之隐机者，非昔之隐机者也。』

子綦曰：『偃，不亦善乎，而问之也？今者吾丧我，汝知之乎？女闻人籁，而未闻地籁，女闻地籁而未闻天籁夫！』

子游曰：『敢问其方。』

子綦曰：『夫大块噫气，其名为风。是唯无作，作则万窍怒呺，而独不闻之翏翏③乎？山林之畏佳，大木百围之窍穴，似鼻，似口，似耳，似枅，似圈，似臼，似洼者，似污者。激者，謞者，叱者，吸者，叫者，譹者，宎者，咬者，前者唱于而随者唱喁。泠风则小和，飘风则大和，厉风济则众窍为虚。而独不见之调调之刁刁④乎？』

子游曰：『地籁则众窍是已，人籁则比竹是已，敢问天籁。』

子綦曰：『夫吹万不同，而使其自已也。咸其自取，怒者其谁邪？』

【注释】

①南郭子綦：楚人，居住南郭，故名南郭子綦。

②荅焉：离形去智的样子。

③翏翏：大风呼呼的声响。

④调调、刁刁：风吹草木晃动摇曳的样子。

【译文】

南郭子綦靠着几案静坐，仰面朝天，慢慢吐气，形体僵硬，好像精神脱离了身躯。颜成子游在他身旁，问：『怎么了？形体安定可以使它如同枯干的树木，而精神怎么能使它像熄灭的灰烬呢？你现在这个样子，和过去不同了。』

子綦回答说：『偃，你问的问题，不也是挺好的吗！如今我是忘掉了功名利禄，你知道吗？你听到过人间的声音，却没听到过大地自然发出的声音，你听到过大地自然形成的声音，却没听到过天空中自然形成的声音吧！』

子游说：『三籁的道理是什么？』

子綦说：『大地形成的气，叫作风。这风不发出声音还好，一发出声音上万种不同的气孔都会怒吼起来。你没有听过风呼啸的声音吗？山林中大树上的孔穴，有的如同鼻孔，有的如同嘴，有的如同耳朵眼，有的如同舂臼，有的如同深大的洼地。有的如同浅小的池塘。风吹这些孔穴发出的声音，有的如同湍急的流水声，有的如同迅疾的箭镞声，有的如同呵斥声，有的如同呼吸声，有的如同叫喊声，有的如同哭号声，有的声音深沉，有的声音哀伤，好像前面的风声唱着，后面的风声附和着。微风相和的声音小，疾风相和的声音大，烈风停止了，所有的孔穴就马上空寂无声了，你难道没看见风吹树木枝叶还在摇摇晃晃地摆动吗？』

子游说：『地籁的声音仅仅是从众多的孔穴中发出来的罢了，人籁的声音不过是从用多种竹管所制作的乐器中发出来的罢了。那么天空中自然的音响是怎么回事呢？』

子綦说：『风吹万孔而声音不同，可是使它们发作或停止的都是它们自己。都是自然状态所形成的，使它们发出声音的还能是谁呢！』

大知闲闲[1]，小知间间；大言炎炎，小言詹詹[2]。其寐也魂交，其觉也形开。与接为构，日以心斗。缦者、窖者、密者。小恐惴惴，大恐缦缦。其发若机栝，其司是非之谓也；其留如诅盟，其守胜之谓也；其杀若秋冬，以言其日消也；其溺之所为之，不可使复之也；其厌也如缄，以言其老洫也；近死之心，莫使复阳也。喜怒哀乐，虑叹变慹，姚佚启态。乐出虚，蒸成菌。日夜相代乎前，而莫知其所萌。已乎，已乎！旦暮得此，其所由以生乎！

非彼无我，非我无所取。是亦近矣，而不知其所为使。若有真宰，而特不得其眹，可行已信，而不见其形，有情而无形。百骸、九窍、六藏，赅而存焉，吾谁与为亲？汝皆说之乎？其有私焉？如是皆有为臣妾乎？其臣妾不足以相治乎？其递相为君臣乎？其有真君存焉？如求得其情与不得，无益损乎其真。一受其成形，不亡以待尽。与物相刃相靡，其行尽如驰，而莫之能止，不亦悲乎！终身役役而不见其成功，苶然[3]疲役而不知其所归，可不哀邪！人谓之不死，奚益！其形化，其心与之然，可不谓大哀乎？人之生也，固若是芒乎？其我独芒，而人亦有不芒者乎？

夫随其成心而师之，谁独且无师乎？奚必知代而自取者有之？愚者与有焉。未成乎心而有是非，是今日适越而昔至也。是以无有为有。无有为有，虽有神禹且不能知，吾独且奈何哉！

【注释】

①闲闲：广博的样子。

②詹詹：喋喋不休。

③苶然：疲倦困顿的样子。

【译文】

才智超群的人博学豁达，只有点小聪明的人则乐于细究、斤斤计较；合于大道的言论就像猛火烈焰一样盛气凌人，拘于智巧的言论则琐细无方、没完没了。他们睡眠时神魂合一，醒来后身形开朗；跟外界交相呼应，整日里勾心斗角。有的疏怠迟缓，有的高深莫测，有的用词严谨。小的惧怕惴惴不安，大的惊恐失魂落魄。他们说话就好像利箭发自弩机迅疾而又尖刻，是与非都由此而产生；他们将心思埋藏心底就好像盟约誓言一样坚守不渝，持守胸臆坐待胜机。他们衰败犹如秋冬的草木，意味着他们日益消毁；他们沉缅于所从事的各种事情，致使他们不可能再恢复到原有的状态；他们心灵闭塞好像被绳索捆住，这说明他们衰老颓败，无法使他们恢复生气。他们欣喜、愤怒、悲哀、欢乐，他们忧伤、叹惋、反复、恐惧，他们躁动轻浮、奢华放纵、情张欲狂、惺惺作态。好像乐声从中空的乐管中发出，又像菌类因地气蒸腾而成。这种种状态日夜在面前相互更换与替代，却不明白是怎么生成的。算了吧，算了吧！一旦懂得这一切发生的道理，不就明白了这种种情态发生、形成的原因了吗？

没有我的对立面就没有我本身，没有我本身就没法呈现我的对立面。这样的认识也就接近于事物的本质，然而却不明白这一切受什么所驱使。仿佛有『真宰』，却又寻不到它的踪迹。可以去实践并得到验证，然而却看不见它的形体，真实的存在而又没有表现它的具体形态。众多的骨节，眼耳口鼻等九个孔窍和心肺肝肾等六脏，全都完整地存在于我的身体，我跟它们哪一部分最为亲近呢？你对它们都同样亲近吗？还是对其中某一部分特别偏爱呢？这样，每一部分都只会成为臣妾似的仆属吗？难道臣妾似的仆属就不足以相互制约了吗？还是轮流作为君臣呢？难道又果真有什么『真君』存在其间？无论寻求到它的因果与否，那都不会对它的真实存在有什么增益和减损。人一旦禀承天地之气而形成形体，就不能忘掉自身而等待最后的消亡。他们跟外界环境或彼此对立、或相互顺应，他们的行动全都像快马奔驰，没有什么力量能使他们停止，这不是很可悲吗？他们终身承受奴役却看不到自己的成功，一辈子困顿疲劳却不知道自己的归宿，这能不悲哀吗？人们说这种人不会死亡，这又有什么益处？人的形骸逐渐衰竭，人的精神和感情也跟着一块儿消逝，这能不算是最大的悲哀吗？人生在世，本来就像这样愚昧无知吗？难道只有我才这么愚昧无知，而世人也有不愚昧无知的吗？

追随已经形成的并把它当作老师，那么谁会没有老师呢？为什么必须通晓事物的规律并从自己的精神世界里找到资证的人才有老师呢？愚昧的人也会跟他们一样有老师的。还没有在思想上形成观念就有是与非的概念，这就像今天到越国去而昨天就已经到达。这就是把没有当作有。没有就是有，即使圣明的大禹也不可能通晓其中的奥妙，我又能怎么样呢？

夫言非吹也。言者有言，其所言者特未定也。果有言邪，其未尝有言邪？其以为异于𪆀音①，亦有辩乎，其无辩乎？

道恶乎隐而有真伪？言恶乎隐而有是非？道恶乎往而不存？言恶乎存而不可？道隐于小成，言隐于荣华。故有儒墨之是非，以是其所非而非其所是。欲是其所非而非其所是，则莫若以明。

物无非彼，物无非是。自彼则不见，自知则知之。故曰：彼出于是，是亦因彼。彼是方生之说也。虽然，方生方死，方死方生；方可方不可，方不可方可；因是因非，因非因是。是以圣人不由而照之于天，亦因是也。是亦彼也，彼亦是也。彼亦一是非，此亦一是非。果且有彼是乎哉，果且无彼是乎哉？彼是莫得其偶，谓之道枢。枢始得其环中，以应无穷。是亦一无穷，非亦一无穷也。故曰莫若以明。

以指喻指之非指[2]，不若以非指喻指之非指也；以马喻马之非马，不若以非马喻马之非马也。天地一指也，万物一马也。

可乎可，不可乎不可。道行之而成，物谓之而然。有自也而可，有自也而不可；有自也而然，有自也而不然。恶乎然？然于然。恶乎不然？不然于不然。物固有所然，物固有所可。无物不然，无物不可。故为是举莛与楹、厉与西施、恢[3]诡谲怪，道通为一。

其分也，成也；其成也，毁也。凡物无成与毁，复通为一。唯达者知通为一，为是不用而寓诸庸。庸也者，用也；用也者，通也；通也者，得也。适得而几矣。因是已，已而不知其然，谓之道。劳神明[4]为一而不知其同也，谓之『朝三』。何谓『朝三』？狙公赋芧，曰：『朝三而暮四。』众狙皆怒。曰：『然则朝四而暮三。』众狙皆悦。名实未亏而喜怒为用，亦因是也。是以圣人和之以是非而休乎天钧，是之谓两行。

古之人，其知有所至矣。恶乎至？有以为未始有物者，至矣，尽矣，不可以加矣。其次以为有物矣，而未始有封也。其次以为有封焉，而未始有是非也。是非之彰也，道之所以亏也。道之所以亏，爱之所以成。果且有成与亏乎哉，果且无成与亏乎哉？有成与亏，故昭氏之鼓琴也；无成与亏，故昭氏之不鼓琴也。昭文之鼓琴也，师旷之枝策也，惠子之据梧也，三子之知几乎，皆其盛者也，故载[5]之末年。唯其好之也，以异于彼；其好之也，欲以明之。彼非所明而明之，故以坚白之昧终。而其子又以文之纶终，终身无成。若是而可谓成乎？虽我亦成也。若是而不可谓成乎？物与我无成也。是故滑疑之耀，圣人之所图也。为是不用而寓诸庸，此之谓以明。

【注释】

①彀音：谓鸟方出卵中而鸣叫之音，有声无辩，不知是非。

②指：即组成事物的要素。

③恢：荒诞。

④神明：指精神和才智。

⑤载：从事。

【译文】

说话辩论并不是吹风，既然说了就一定有所说明的内容，只是他们所说的话不曾有过定论。到底说了些什么？还是没说什么呢？他们都认为自己的言谈不同于雏鸟的鸣叫，到底两者有没有区别呢？

真『道』是怎么隐匿起来才有了真和假呢？言论是怎么隐匿起来而有了是与非呢？真道怎么会出现而又不复存在？言论又怎么存在而又不能认可？真道被小小的成功所隐蔽，言论被浮华的辞藻所掩盖。所以就有了儒家和墨家的是非之

辩，肯定对方所否定的东西，否定对方所肯定的东西。想要肯定对方所否定的东西而非难对方所肯定的东西，那么不如用事物的本然去加以观察而求得明鉴。

宇宙万物处处存在对立的一方。从事物彼方看不见此方，从此方看就一目了然了。所以说，彼方出自此方，此方也依存于彼方。彼方与此方是相互并存、相互依赖的。尽管如此，刚刚生随即转化为死，刚刚死随即转化为生；刚刚肯定随即转化为否定，刚刚否定马上转化为肯定；由是而得非，由非而得是。所以，圣人不走是非之途，而只是如实反映事物的本然，也就是顺着自然本身的情态。此也是彼，彼也是此。彼存在是与非，此同样存在正与误。确实有彼此之分吗？确实无彼此之分吗？彼此两个方面都没有它的对立面，这就是规律。抓住了『道』的规律也就抓住了事物的主旨，以顺应事物无穷无尽的变化。『是』是无穷的，『非』也是无穷的。所以说，不如用事物的本然去反映事物的真实。

用组成事物的要素来说明要素不是事物本身，不如用其他事物来说明事物的本身；用马来说明马不是马，不如用不是马来说明。从这个意义上说，天地无非一要素，万物无非一马，没有什么区别。

肯定人们肯定的东西；否定人们否定的东西。道路是走出来的，事物的名称是人们叫出来的。如何才算是正确呢？正确在于其本身就是正确的。如何才算是不正确呢？不正确的在于其本身就是不正确的。为什么是这样？它本来就是这样。为什么不是这样？它本来就不是这样。它为什么能认可呢？它本来就能认可。它为什么不能认可呢？它本来就不能认可。事物原本就有对的一面，事物原本就有能认可的一面。没有什么事物不存在对的一面，也没有什么事物不存在能认可的一面。所以说细小草和高大的庭柱，丑陋的癞头和美丽的西施，荒诞、狡猾、诡诈、怪异等千奇百怪的各种事态，从『道』的观点来看，它们都是相通的。

旧事物的分离就是新事物的形成，新事物的形成即是旧事物的毁灭。一切事物并无形成与毁灭的分别，还是把它们看成是一样的。只有通达的人才会通晓万物一样的道理。因此，不用固执地看问题，而把自己的观点寄托于平常的事理之中。按循环往复的观点行事，就通达了；无所不通，就无所不得。恰到好处地了解事物而有所得也就可以了。顺应自然本来状态，而不去了解它的成因，这就叫『道』。耗费心思了解万物的道理和了解万物的本来面貌是一样的，这就叫『朝三』。什么叫『朝三』呢？养猴人给猴子分橡子时说：『早上分给三升，晚上分给四升。』猴子听了都非常愤怒。养猴人又说：『那么就早上四升，晚上三升吧。』猴子们听了都非常高兴。其实名义和实际都没有少，但是猴子的感受却不同，也就是由于这样的道理。圣人混同是与非而不去争辩，这就叫物与我各得其所、自行发展。

古时候的人，他们的认识能达到很高的境界。什么样的高境界？他们以为宇宙开始于虚无，这确实是完美的认识。其次认为宇宙之始有了万物而并没有差别。再其次认为事物虽有差别却不存在是非。是与非的显露就表明人眼里的大道有了偏差。换句话说，大道的亏损是人偏私的观念所造成的。果真有成与亏吗？还是没有成与亏呢？举例说，昭文弹琴于是就有成与亏，昭文不弹琴就没有成与亏。昭文善于弹琴，师旷善于击鼓，惠施善于论辩，这三位先生的才技颇富盛名，名传后世。他们各有自己的爱好，并且极力彰显自己的喜好。这样一来，他们都自作聪明，其结果是惠施终身沉迷于『坚白』之论，而昭文的儿子继承父业也终无建树。像这样可以算作成功吗？如果这也叫成功，那我也就是成功的了。如果他们不算成功，那么别人和我就都没有成功。所以，那种以片面之词、一技之长夸耀于世者，是圣人所不提倡的。所以说，不论是非、不自夸耀而诉诸事物的常理，这叫作『以明』。

今且有言于此，不知其与是类乎？其与是不类乎？类与不类，相与为类，则与彼无以异矣。虽然，请尝言之。有始也者①，有未始有始也者，有未始有夫未始有始也者。有有也者，有无也者，有未始有无也者，有未始有夫未始有无也者。俄而有无矣，而未知有无之果孰有孰无也。今我则已有谓矣，而未知吾所谓之其果有谓乎，其果无谓乎？

天下莫大于秋毫之末，而太山为小；莫寿乎殇子，而彭祖为夭。天地与我并生，而万物与我为一。既已为一矣，且得有言乎？既已谓之一矣，且得无言乎？一与言为二，二与一为三。自此以往，巧历不能得，而况其凡乎！故自无适有，以至于三，而况自有适有乎！无适焉，因是已。夫道未始有封，言未始有常，为是而有畛也。请言其畛：有左有右，有伦②有义，有分有辩，有竞有争，此之谓八德。六合之外，圣人存而不论；六合之内，圣人论而不议；《春秋》经世先王之志，圣人议而不辩。故分也者，有不分也；辩也者，有不辩也。曰：何也？圣人怀之，众人辩之以相示也。故曰辩也者，有不见也。

夫大道不称，大辩不言，大仁不仁，大廉不嗛，大勇不忮。道昭而不道，言辩而不及，仁常而不成，廉清而不信，勇忮而不成。五者圆而几向方矣。

故知止其所不知，至矣。孰知不言之辩，不道之道？若有能知，此之谓天府③。注焉而不满，酌焉而不竭，而不知其所由来，此之谓葆光。

【注释】

①有始也者：宇宙万物有它的开始。

②伦：次序等级。

③天府：指圣人的心胸，形容它宽广，能包罗一切。

【译文】

现在姑且在这里发表些言论，不知道这些言论跟其他人的观点是相同的呢，还是不相同的呢？相同也好，不相同也罢，既然都是议论，那也就是同类了。

即便如此，还是请你允许我讲一讲。宇宙有它的开始，也有它未曾开始的开始，更有它的未曾开始的未曾开始的开始。宇宙有它的『有』，也有它的『无』，还有它未曾有过的『无』，更有它的未曾有过未曾有过的『无』。顷刻间产生了『有』和『无』，然而却不清楚这个『有』与『无』，谁是真的『有』，谁是真的『无』。现在我说了这些言论，然而却不知道真说了这些话呢，还是没说过这些话呢？

世上没有比秋毫更大的东西，而泰山是小的；没有比夭折的孩子更长寿的人，而长寿的彭祖却是短命的。天地与我共生，万物与我为一体。既然已经浑然一体，还能再说些什么呢？既然已经浑然一体了，又怎能说不能说什么呢？万物一体的存在加上我的言论就成了二，二再加上一就成三。以此类推，最精明的计算也不可能求得最终的答案，何况大家都是凡夫俗子！所以从无到有，再往后推出三来，何况从『有』推演到『有』呢！不要再往下推演了，还是顺其自然吧。真理是没有边界的，言论也是没有对错的，因为有了从『无』到『有』，才有了差别和界限。请允许我谈一谈它的区别之处：有左有右，有伦序有合宜，有分解有辨驳，有竞比有争强，这是界限的八种表现。

宇宙以外的事情，圣人总是知而不论；宇宙之内的事，圣人只是论说而不随意评议。《春秋》是记载历代君王治理社会的编年史，圣人只评议而不争辩。所以说，有分别的，就因为有不分别的；有争辩的，就因为有不可以争辩的。这是什么意思呢？就是说，圣人把观点藏在心中，而众人却争辩不休，相互夸耀。所以说，只要争辩，只能是各执一词，总有它的片面性。

大『道』是不必宣扬的，善辩的人是不必言说的，大仁的人是不必表示仁爱的，最廉洁的人是不必表示谦逊的，最勇敢的人是不伤害他人的。真理完全表露在外就不是真理，妄言争辩就有所达不到，仁爱经常流露反而不周全，廉洁到极其清白反而不真实，勇敢到害人也就不能成为真正勇敢的人。这五种情况就好像故意求圆却几近成方一样。

所以，止于自己所不知的境地，就是极点了。谁能通晓不用言语的辩论，不用声扬的道理呢？如果有谁能知道这一点，这就称得上是大自然的府库了。注入多少东西都不会盈满，取出多少东西也不会枯竭，而且不知道它的源头来自何处，这就叫藏而不露的光明。

故昔者尧问于舜曰：『我欲伐宗、脍、胥敖①，南面而不释然，其故何也？』

舜曰：『夫三子者，犹存乎蓬艾之间。若不释然何哉？昔者十日并出，万物皆照，而况德之进乎日者乎！』

啮缺问乎王倪曰：『子知物之所同是乎？』

曰：『吾恶乎知之！』

曰『子知子之所不知邪？』

曰：『吾恶乎知之！』

『然则物无知邪？』

曰：「吾恶乎知之！虽然，尝试言之。庸讵知吾所谓知之非不知邪？庸讵知吾所谓不知之非知邪？且吾尝试问乎女：民湿寝则腰疾偏死，鳅然乎哉？木处则惴慄恂惧，猨猴然乎哉？三者孰知正处？民食刍豢，麋鹿食荐[2]，蝍蛆甘带，鸱鸦耆鼠，四者孰知正味？猨猵狙以为雌，麋与鹿交，鳅与鱼游。毛嫱丽施，人之所美也，鱼见之深入，鸟见之高飞，麋鹿见之决骤[3]。四者孰知天下之正色哉？自我观之，仁义之端，是非之涂，樊然淆乱，吾恶能知其辩！」

啮缺曰：「子不知利害，则至人固不知利害乎？」

王倪曰：「至人神矣！大泽焚而不能热，河汉沍而不能寒，疾雷破山、飘风振海而不能惊。若然者，乘云气，骑日月，而游乎四海之外，死生无变于己，而况利害之端乎！」

【注释】

①宗、脍、胥敖：三个小国国名。

②荐：美草。

③决骤：疾走不顾。

【译文】

从前尧问舜：「我想征伐宗、脍、胥敖三个小国，每当上朝理事时，心里总是放不下，这是为什么呢？」

舜回答说：「那三个小国的国君，就像生存于蓬蒿艾草中一样。你还是不放心，为什么呢？过去十个太阳一块儿升起，万物都在阳光普照之下，何况你崇高的品德又远远超过了太阳的光亮呢！」

啮缺问王倪：「你知道万物间总有共同的地方吗？」

王倪说：『我怎么知道呢！』

啮缺又问：『你知道你所不知道的东西吗？』

王倪回答说：『我怎么知道呢！』

啮缺接着又问：『那么万物都无法知道了吗？』王倪回答：『我怎么知道呢！尽管这样，我还是试着来回答你的问题。你怎么知道我所说的知道不是真的不知道呢？你又怎么知道我所说的不知道不是知道呢？我还是先问一下你：人们睡在潮湿的地方就会腰部不舒服，严重的甚至酿成半身不遂，泥鳅也会这样吗？人们住在高高的树上就会感觉不安全，猿猴也会这样吗？人、泥鳅、猿猴，究竟谁最懂得居住的标准呢？人以牲畜的肉为食物，麋鹿食草芥，蜈蚣嗜吃小蛇，猫头鹰和乌鸦却爱吃老鼠，人、麋鹿、蜈蚣、猫头鹰和乌鸦这四类动物哪一个才懂得真正的美味？猿猴把猵狙当作配偶，麋喜欢与鹿交配，泥鳅则与鱼交尾。毛嫱和丽姬，是人们所说的美人了，可是鱼儿见了她们不搭理，鸟儿见了她们飞向天空，麋鹿见了她们飞快地逃离。人、鱼、鸟和麋鹿四者究竟谁才懂得天下真正的美色呢？以我来看，仁与义，是与非的途径，都纷杂错乱，我怎么能知晓它们之间的不同！』

啮缺说：『你不了解利与害，道德修养高尚的人难道也不理解吗？』

王倪说：『进入物我两忘境界的人实在是少啊！森林焚烧不能使他感到热，黄河、汉水封冻了不能使他感到冷，雷电劈山破岩、狂风翻江倒海不能使他感到恐惧。如果这样，便可腾云驾雾，骑乘日月，在天地间遨游，死和生对于他自身都没有变化，何况利与害这些微不足道的东西呢！』

瞿鹊子问乎长梧子曰：『吾闻诸夫子：圣人不从事于务，不就利，不违害，不喜求，不缘①道，无谓有谓，有谓无谓，而游乎尘垢之外。夫子以为孟浪之言，而我以为妙道之行也。吾子以为奚若？』

长梧子曰：『是黄帝之所听荧②也，而丘也何足以知之！且女亦大早计，见卵而求时夜，见弹而求鸮炙。予尝为女妄言之，女以妄听之。奚旁日月，挟宇宙，为其脗合，置其滑涽，以隶相尊？众人役役③，圣人愚芚，参万岁而一成纯。万物尽然，而以是相蕴。予恶乎知说生之非惑邪！予恶乎知恶死之非弱丧而不知归者邪！

【注释】

①缘：因循。

②听荧：疑惑不明。

③役役：忙于是非之境。

【译文】

瞿鹊子对长梧子说：『我听孔夫子讲过：圣人不去沉缅于世俗的事情，不贪图名利，不回避危险，不喜欢追求物欲，不束缚于道；没有说话就等于说了，说了就等于没说，而逍遥于尘俗之外。孔夫子认为这些都是无聊的东西，而我认为这些正是道的行径。你认为如何？』

长梧子说：『这些话黄帝听了也会不明白，而孔丘怎么能明白呢？而且你有些操之过急，见到鸡蛋就想得到报晓的公鸡，见到弹丸就想吃到斑鸠肉。现在，我随便一讲，你也就听听吧。为何依靠着日月，怀抱着宇宙，与宇宙万物融为一体，是非杂乱分辨不清，把尊贵卑贱等同起来？众人一心忙于争辩，圣人好像结合古今而不为是非所乱。万物都是如此，而互相蕴涵于精纯浑朴之中。我怎么知道贪生不是疑惑呢？我又怎么知道怕死不是像流浪少年在外不知回家呢？

『丽之姬，艾封人之子也，晋国之始得之也，涕泣沾襟。及其至于王所，与王同筐床①，食刍豢，而后悔其泣也。予恶乎知夫死者不悔其始之蕲生乎？

梦饮酒者，旦而哭泣；梦哭泣者，旦而田猎。方其梦也，不知其梦也。梦之中又占其梦焉，觉而后知其梦也。且有大觉而后知此其大梦也。而愚者自以为觉，窃窃然知之。君乎，牧乎，固哉！丘也与女，皆梦也；予谓女梦，亦梦也。是其言也，其名为吊诡。万世之后而一遇大圣知其解者，是旦暮遇之也。

即使我与若辩矣，若胜我，我不若胜，若果是也，我果非也邪？我胜若，若不吾胜，我果是也，而果非也邪？其或是也，其或非也邪？其俱是也，其俱非也邪？我与若不能相知也，则人固受黮暗，吾谁使正之？

『使同乎若者正之，既与若同矣，恶能正之？使同乎我者正之，既同乎我矣，恶能正之？使异乎我与若者正之，既异乎我与若矣，恶能正之？使同乎我与若者正之，既同乎我与若矣，恶能正之？然则我与若与人，俱不能相知也，而待彼也邪？

『化声之相待，若其不相待，和之以天倪，因之以曼衍，所以穷年也。』

『何谓和之以天倪？』

曰：『是不是，然不然。是若果是也，则是之异乎不是也，亦无辩；然若果然也，则然之异乎不然也，亦无辩。忘年忘义，振于无竟，故寓诸无竟。』

罔两问景曰：『曩子行，今子止；曩子坐，今子起。何其元特操与？』景曰：『吾有待而然者邪？吾所待又有待而然者邪？吾待蛇蚹蜩翼邪？恶识所以然？恶识所以不然？』

昔者庄周梦为胡蝶，栩栩然胡蝶也，自喻适志与！不知周也。俄然觉，则蘧蘧然②周也。不知周之梦为胡蝶与，胡蝶之梦为周与？周与胡蝶则必有分矣。此之谓物化。

【注释】

①筐床：安床，君主所睡的床。

②蘧蘧然：惊惶的样子。

【译文】

丽姬是艾地封疆守土之人的女儿，当晋国刚迎娶她的时候，她哭得像个泪人一样；等她到了晋国的宫里，与国王同床共枕，同吃山珍海味的时候，她才后悔当初不该伤心。我怎么知道人死了而不后悔当初不该留恋尘世呢？

在睡梦中饮酒作乐的人，早晨醒来难过得哭泣；在梦中哭泣的人，早晨起来开心得去打猎。做梦者在做梦时不知道自己是在做梦，睡梦中还占卜梦的吉凶，醒来时才知道那是一场梦而已。只有大智慧的人才真正知道人生是一场大梦，而那些愚昧的人却自以为聪明，好像什么都知晓明了。那些叫喊『君主呀！贱民哪！』的人，真是缺少见识。

孔夫子和你都在做梦；我说你在做梦，而这本身就是在做梦。这些话，可谓是荒诞之路。或许万世之后能遇到一位大智慧的人知晓此理，可能也是偶然遇到的吧？

假如我和你辩论，你胜了我，我没有胜你，那你确实是对的，我确实是错的吗？我胜你，你不胜我，那我确实是对的，你确实是错的吗？是我们两人有一人对，有一人错呢，还是我们两人都对，或者都错呢？这是我和你都不能知道的。大部分人都有偏见，我们请谁来评判对与错呢？

假如让和你意见相同的人来评判，既然和你的观点相同了，他如何评判呢？假如让和我意见相同的人来判断，既然和我的观点一样了，他如何判断呢？假如让不同于我和你的意见的人来评判，既然不同于我和你，他又如何评判呢？假如让赞同我和你的意见的人来评判，既然赞同于我和你，他如何评判呢？由此看来，我和你以及其他的人都不能评判是非对错了，还能期待什么人呢？

『变化的声音相互作用，若让它们不相作用，就要用自然的方法来协调，我的言论不拘常规，随物变化逍遥一生。』

『什么叫用「自然」来协调是非对错？』

那就是：『「是」也「不是」，「然」也「不然」。「是」要是「是」，那么「是」不用于「不是」就无法分辩；「然」如果是「然」，那么「然」不同于「不然」也无法分辩。用「自然」来调和是非对错，因而顺其自然变化，便可以不管岁月，不谈仁义，逍遥于任何地方，寄身于无尽之域。』

微阴问影子：『从前你行走，现在又停下；以前你坐着，现在又站了起来。你怎么没有自己独立的品德和气节呢？』影子回答说：『我是有所依据才这样的吗？我所依据的东西又有所依据才这样的吗？我所依据的东西难道如同蛇的蚹鳞和鸣蝉的翅膀吗？我怎么知道因为什么缘故会是这样？我又怎么了解因为什么原因而不会是这样？』

庄周曾经梦见自己变成蝴蝶，高兴得飞舞着的一只蝴蝶，感到自己多么快乐和惬意啊！不知道他原本是庄周。突然间醒来，惊慌失措时才知道原来是自己。不知是庄周梦中变成蝴蝶呢，还是蝴蝶梦见自己变成庄周呢？庄周与蝴蝶必定是有区分的。这就叫作物我的融合与变化。

【品读】

《齐物论》是《庄子·内篇》的第二篇。全篇由五个相对独立的故事组成，故事与故事之间虽然没有表示关联的语句和段落，但内容上却由统一的主题思想贯穿着，而且在概括性和思想深度上逐步加深提高，呈现一种似连非连、若断若续、前后贯通、首尾呼应的精巧结构。

『齐物』的意思是：一切事物归根到底都是相同的，没有什么差别，也没有是非、美丑、善恶、贵贱之分。庄子认为万物都是浑然一体的，并且在不断向其对立面转化，因而没有区别。需要说明的是，庄子的这种见解是抓住了事物的一个方面加以强调，具有片面性。文章中有辩证的观点，也常常陷入形而上学观点之中。但是，在他的论述中常常表现出深刻的思考和智慧。文中涉及很多宇宙观方面和认识论方面的问题，对中国古代哲学研究有重要的意义。

『齐物论』，即整齐万物之论。在庄子看来，世间万物都是平等的，人与动物是无差别的，正确与错误是无差别的，一切事物都是这样。本篇表现的是庄子对世俗的否定，和对无差别的自由境界的向往。庄子认为，要达到无差别的精神自由之境，就必须超脱世俗观念的束缚，忘掉物我之别，忘掉是非之辩。

庄周梦蝶这一故事广为人知。这种物我的合一，是一种无我的境界，类似开头『吾丧我』的境界。其文辞之优美，想象之奇幻，深为后人所称道。

养生主

吾生也有涯①，而知也无涯。以有涯而随无涯，殆已！已而为知者，殆而已矣！为善无近名，为恶无近刑。缘督以为经，可以保身，可以全生，可以养亲②，可以尽年。

庖丁为文惠君解牛，手之所触，肩之所倚，足之所履，膝之所踦，砉然向然③，奏刀騞然，莫不中音。合于《桑林》之舞，乃中《经首》之会。

文惠君曰：『嘻，善哉！技盍至此乎？』庖丁释刀对曰：『臣之所好者道也，进乎技矣。始臣之解牛之时，所见无非全牛者；三年之后，未尝见全牛也；方今之时，臣以神遇而不以目视，官知止而神欲行。依乎天理，批大郤，导大窾，因其固然。技经肯綮之未尝，而况大軱乎！良庖岁更刀，割也；族庖月更刀，折也。今臣之刀十九年矣，所解数千牛矣，而刀刃若新发于硎。彼节者有间，而刀刃者无厚。以无厚入有间，恢恢④乎其于游刃必有余地矣，是以十九年而刀刃若新发于硎。虽然，每至于族，吾见其难为，怵然为戒，视为止，行为迟，动刀甚微。謋然已解，如土委地。提刀而立，为之四顾，为之踌躇满志，善刀而藏之。』

文惠君曰：『善哉！吾闻庖丁之言，得养生焉！』

【注释】

①涯：边际，极限。

②养亲：指精神，即『真君』。

③砉、向：形容解牛的声音。

④恢恢：宽广。

【译文】

我们的生命是短暂的，而知识是无限的。用有限的生命去追求无限的知识，势必很累人。既便这样，还要不停地追求无限的知识，就会更加疲乏。做好事不要有求名之心，做坏事不要触犯法律。顺着自然之道就是规律，就可以保全自己，保全天性，侍奉双亲，安享天年。

厨师给文惠君杀牛，分解牛体时手碰到的地方，肩挨着的地方，脚踩的地方，膝顶住的地方，都发出巨大的声响，迅速插刀时刷刷的声音，像好听的音乐旋律，符合《桑林》的节奏，又合于《经首》乐曲的旋律。

文惠君说：『呵，不错呀！技术怎么达到这样高超的程度呢？』厨师放下刀说：『我所爱好的是寻找事物的规律，比起一般的技术、技巧又进了一层。我刚开始分解牛体的时候，所看见的是一头整牛。几年之后，牛在我看来只是肉块的组合罢了。如今，我只用心去感受而不必用眼睛去看，眼睛的功能似乎停了下来，而精神世界还在不停地运行。依照牛体自然的生理结构，劈击肌肉骨骼间大的缝隙，把刀伸向那些骨节间大的空处，顺着牛体的组织结构去解剖；从不曾碰撞过经络密集的部位和骨肉紧密连接的地方，何况那些大骨头呢！好的厨师一年更换一把刀，因为他们是在用刀切肉；普通的厨师一个月就更换一把刀，因为他们是在用刀砍骨头。至今我使用的这把刀已经十九年了，所宰杀的牛牲上千头了，而刀刃锋利就如同刚从磨刀石上磨过一样。牛的骨节乃至各个部位之间是有空隙的，而刀刃几乎没有什么厚度，用薄薄的刀刃插入有空隙的骨节和组合部位间，对于刀刃的回旋来说绰绰有余。所以我的刀使用了十九年刀锋仍如同刚从磨刀石上磨过一般。尽管这样，每当遇上筋腱、骨节连结的地方，我看到不好下刀，为此而格外谨慎不敢疏乎，专注认真，动作迟缓，动刀十分小心。牛体全部分解，就仿佛是一堆泥土堆放在地上。我于是提着刀站在那儿，环顾四周，洋洋得意，这才擦好刀收起来。』

文惠君说：『真好啊，我听了厨师这一说，从中学到养生的道理了。』

公文轩见右师而惊曰：『是何人也？恶乎介①也？天与，其人与？』曰：『天也，非人也。天之生是使独也，人之貌有与也。以是知其天也，非人也。』

泽雉十步一啄，百步一饮，不蕲畜乎樊中。神虽王，不善也。

老聃死，秦失吊之，三号而出。弟子曰：『非夫子之友邪？』曰：『然。』『然则吊焉若此，可乎？』曰：『然。始也吾以为其人也，而今非也。向吾入而吊焉，有老者哭之，如哭其子；少者哭之，如哭其母。彼其所以会之，必有不蕲言而言，不蕲哭而哭者。是遁天②倍情，忘其所受，古者谓之遁天之刑。适来，夫子时也；适去，夫子顺也。安时而处顺，哀乐不能入也，古者谓是帝之县解。』

指穷于为薪，火传也，不知其尽也。

【注释】

①介：独足。

②遁天：违反自然。倍情：即背景。

【译文】

公文轩看见右师，诧异道：『这是谁？怎么只有一只脚呢？是天生的，还是被别人砍掉的呢？』公文轩想：『生下来就是这样，不是人为的。生下来就只有一只脚，人的体形完全是上天所赋予的。因此可知这是天生，并不是人为。』

野鸡走十步才吃到一口食，百步才喝到一口水，可它丝毫不希望被圈养在笼子里。（养在笼子里）精神气虽然足，那也是很不快乐的。

老聃去世，秦佚去吊丧，大哭了几声后就走了。老聃的弟子问：『您不是我们老师的友人吗？』秦佚说：

「我是。」弟子又说：「像您这样吊唁朋友，可以吗？」秦佚说：「可以。我原来以为你们跟随老师多年，都是超凡脱俗的人，现在知道不是这样了。刚才我进去吊唁，有上岁数的人在哭，像父母在哭自己的孩子；有年轻人在哭，仿佛孩子在哭自己的母亲。他们在这里，一定有人本不想表达却表达，本不想流泪却流泪。如此伤心，是逃避自然、违背真实的，忘掉了人是来自于自然的，古人称这种做法为违背自然的惩罚。你们的老师来到世上，是顺其自然；离开人世，是顺从自然而死。符合天理，且顺应变化，哀伤和欢乐就不能进入心中，古人称这是自然规律，就像解除了倒立之苦。」

焟烛最终会燃尽，而火种却可以传续下去，永不灭亡。

【品读】

这是一篇谈养生之道的文章。全文分为三个部分。第一部分是全篇的总纲，指出养生最重要的是秉承事物中虚之道，顺应自然的变化与发展；第二部分以庖丁解牛的故事比喻人之养生，说明处世、生活都要遵循事物的规律，从而避开是非和矛盾的纠缠；第三部分说明圣人不凝滞于事物，与世推移，以游其心，安时处顺，穷天理、尽道性，以至于对于生命的态度，体现了作者的哲学思想和生活旨趣。文章描写生动形象，细节刻画精细入微，寓说理于故事之中，意趣横生，富于启发意义。

这篇文章在艺术上达到了很高的水平。文章语言生动简练。如写庖丁解牛的情况，分别用触、倚、履、踦来表现手、肩、足、膝不同部位的不同动作，用「砉然」「騞然」「谍然」来表现声音大小不同的细微差别，用词准确，描写精当。其他如写解牛之声「莫不中音，合于《桑林》之舞，乃中《经首》之会」，写庖丁解牛之后「提刀而立」「踌躇满志」的神态，更显得挥洒自如，引人入胜。文章结构也有值得称道的地方，它由六段组成，第一段为全文的纲领，总论养生之道。以下四段分别讲述四个寓言故事。最后一段以薪尽而火传为喻，总结全文，进一步说明顺应自然之道即为养生之要这一中心。这种独具特色的连环式的结构，是《庄子》所特有的。

人间世

颜回见仲尼，请行。

曰：『奚之？』曰：『将之卫。』曰：『奚为焉？』曰：『回闻卫君，其年壮，其行独①。轻用其国而不见其过。轻用民死，死者以国量，乎泽若蕉，民其无如矣！回尝闻之夫子曰：「治国去之，乱国就之，医门多疾。」愿以所闻思其则，庶几其国有瘳乎！』

仲尼曰：『嘻！若殆往而刑耳！夫道不欲杂，杂则多，多则扰，扰则忧，忧而不救。古之至人，先存诸己而后存诸人。所存于己者未定，何暇至于暴人之所行！』

『且若亦知夫德之所荡而知之所为出乎哉？德荡乎名，知出乎争。名也者，相札也；知也者，争之器也。二者凶器，非所以尽行也。且德厚信矼，未达人气；名闻不争，未达人心。而强以仁义绳墨之言术暴人之前者，是以人恶有其美也，命之曰灾人。灾人者，人必反灾之，若殆为人灾夫！且苟为悦贤而恶不肖，恶用而求有以异？若唯无诏，王公必将乘人而斗其捷。而目将荧之，而色将平之，口将营之，容将形之，心且成之。是以火救火，以水救水，名之曰益多。顺始无穷，若殆以不信厚言，必死于暴人之前矣！』

『且昔者桀杀关龙逢，纣杀王子比干，是皆修其身以下伛拊人之民，以下拂其上者也，故其君因其修以挤之。是好名者也。昔者尧攻丛、枝、胥敖，禹攻有扈，国为虚厉，身为刑戮，其用兵不止，其求实无已②。是皆求名实者也。而独不闻之乎？名实者，圣人之所不能胜也，而况若乎！虽然，若必有以也，尝以语我来！』

【注释】

①独：专横独断。

②实：实利。已：止。

【译文】

颜回拜见老师仲尼，请求同意他出远门。

孔子说：『到哪里去呢？』颜回说：『想去卫国。』孔子说：『去卫国做什么呢？』颜回回答：『我听说卫国的国君正当年，办事武断。轻率地处理政事，却看不到自己的不足；轻率地奴役百姓，死亡人数不可胜数，就像大湖泽中的草芥一样，百姓都失去了自己的家园。我曾听老师讲：「治理得好的国家就不用再留下了。应该到治理得不好的国家那里去，就和医生门前病人多一个道理。」我希望根据先生教导我的这些方法治理国家，卫国大概还可以逐步恢复元气吧！』

孔子说：『好！你恐怕到卫国就会被杀害啊！推行大道是不宜掺杂其他的，杂乱了就会自相矛盾，自相矛盾就会心生扰乱，心生扰乱就会产生祸患，祸患多了也就自身难保，更何况拯救国家。古时候道德修养高尚的人，总是先使自己慢慢成熟才去扶助他人。如今在自己的道德修养方面还没有什么值得称赞的，哪里还有时间到暴君那里去推行大道！

『你懂得道德毁败和智慧表现的原因吗？道德的毁败在于追求名誉和地位，智慧的表现在于争辩是非。名声是互相倾轧的原因；智慧是互相争斗的工具。二者都像是凶器，不可以将它推行于世。一个人虽然德行好，诚实守信，可未必能和对方声气相通，一个人虽然不争名利，可不一定能得到广泛的理解。而勉强把仁义和规范之类的言辞告诉暴君，这就好比用别人的恶行来显示自己的美德，这样的做法可以说是不利的。一定会被别人所算计，你这样做可能会遭到别人的伤害的！况且，假如说卫君亲近贤人而讨厌恶人，那么，哪里还用得着等待你去才有所变化？你就算去到卫国也只能是不向卫君进言，否则卫君一定会时时抓住你偶然说漏嘴的机会迅速地向你展开争辩。你必将头昏脑胀，而面色将佯作平和，你说话不能自如，容颜将被迫俯就，内心也就只能认同卫君的所作所为了。这样做就像是用火救火，用水救水，可以称之为没有任何作用。有了依顺他的开始，以后顺从他的旨意便会没有休止，假如你未能取信便进谏，那么一定会死在这位暴君面前。』

『以前，夏桀还杀害了敢于直谏的关龙逢，商纣王杀害了力谏的叔叔比干，这些贤臣他们都十分注重自身的道德修养，而以臣下的地位抚爱百姓，同时也以臣下的利益违逆了他们的国君，所以他们的国君就因为他们道德修养高尚而排挤他们、杀害了他们。这就是想要名声的结果。当年帝尧征伐丛枝和胥敖，夏禹攻打有扈，四国的土地变成废墟，人民全都死了，即使如此，讨伐者也没有停手，原因就是贪求别国的土地和人口。这些都是求名求利的恶果，你没有听说过吗？名声和地位，就是圣人也不可能脱离，何况是你呢？虽然这样，你必定有所依据，你就试着把这些告诉我吧！』

颜回曰：『端而虚，勉而一。则可乎？』曰：『恶，恶可！夫以阳为充孔扬，采色①不定，常人之所不违，因案人之所感，以求容与其心，名之曰日渐之德不成，而况大德乎！将执而不化，外合而内不訾，其庸讵可乎！』

『然则我内直而外曲，成而上比。内直者，与天为徒。与天为徒者，知天子之与己，皆天之所子，而独以己言蕲乎而人善之，蕲乎而人不善之邪？若然者，人谓之童子，是之谓与天为徒。外曲者，与人之为徒也。擎跽曲拳，人臣之礼也，人皆为之，吾敢不为邪？为人之所为者，人亦无疵焉，是之谓与人为徒。成而上比者，与古为徒，其言虽教，谪之实也；古之有也，非吾有也。若然者，虽直而不病，是之谓与古为徒。若是则可乎？』

仲尼曰：『恶，恶可！大多政法而不谍。虽固，亦无罪。虽然，止是耳矣，夫胡可以及化！犹师心者也。』

颜回曰：『吾无以进矣，敢问其方。』仲尼曰：『斋，吾将语若！有心而为之，其易邪？易之者，皞天不宜。』颜回曰：『回之家贫，唯不饮酒不茹荤者数月矣。如此则可以为斋乎？』曰：『是祭祀之斋，非心斋也。』回曰：『敢问心斋。』仲尼曰：『若一志，无听之以耳而听之以心，无听之以心而听之以气。听止于耳，心止于符。气也者，虚而待物者也。唯道集虚。虚者，心斋也。』

颜回曰：『回之未始得使，实自回也；得使之也，未始有回也。可谓虚乎？』

夫子曰：『尽矣。吾语若！若能入游其樊而无感其名，入②则鸣，不入则止。无门无毒，一宅而寓于不得已则几矣。绝迹易，无行地难。为人使易以伪，为天使难以伪。闻以有翼飞者矣，未闻以无翼飞者也；闻以有知知者矣，未闻以无知知者也。瞻彼阕者，虚室③生白，吉祥止止。夫且不止，是之谓坐驰，夫徇耳目内通而外于心知，鬼神将来舍，而况人乎！是万物之化也，禹、舜之所纽也，伏羲、几蘧之所行终，而况散焉者乎！』

【注释】

①采色：这里指面部表情。

②入：采纳进谏。

③虚室：空灵的精神世界。

【译文】

颜回说：『我外表端庄内心旷达，一直勤奋努力，这样就可以了吗？』孔子叹息道：『这怎么行呢！卫君刚猛暴烈盛气表露无遗，而且喜怒无常，人们都不敢有一点违背他的地方，他也借此不让人们表现出真实感受和不同观点，用这个办法来放纵他的欲望。这可以说是每日用道德来感化都不会有成效，更何况用好的品德来劝导呢？他必将坚持己见而不会改变，表面认同而内心里也不会对自己的言行作出反省，你的想法怎么能行得通呢？』

颜回回答说：『要是这样的话，那我就内心保有正直而对外附合，内心自有主见并处处跟以前贤人作比较。内心秉正诚直，这就是与自然为同类。跟自然为同类，就知道了国君与自己都是上天养育的子女。又何必把自己的言论到处宣扬而希望得到人们的赞同，还是希望人们不予赞同呢？像这样做，人们就会称之为未失童心，这就叫融为自然。外表跟世人是一样的。手拿朝笏躬身下拜，这是做臣子的礼节，别人都这样去做，我有什么胆量不这样做吗？做人臣该做的事，人们也就不会怨恨了吧，这就叫跟世人为同类。

心里有意见而上比古代贤人，是跟古人为同类。他们的言论虽然很有好处，指责世事才是真情实意。这样做以前就有，而不是从我才开始的。像这样做，虽然正直却也不会受到伤害，这就叫跟古人为同类。这样做便可行了吗？

孔子接着说：『啊，怎么可行呢？太多的事情需要纠正，就是有所仿效也会出现不当，虽然设计笨拙但这样做也没有什么罪责。不过，就算这样，也不过如此而已，又怎么能纠正他呢！你好像有点想当然了。』

颜回无奈地说：『我没有更好的办法了，冒昧地向老师求教该怎么办。』孔子说：『斋戒后，我将告诉你！如果怀着积极的心态去做，难道是容易的吗？如果这样做也很容易的话，苍天也会认为是不对的。』颜回说：『我家境贫穷，不饮酒浆、不吃荤食已经好久了，像这样，可以说是斋戒了吧？』孔子说：『这是祭祀前的斋戒，并不是「心斋」。』颜回说：『我请问先生什么是「心斋」？』孔子说：『你必须抛弃杂念，静下心来，不用耳去听而用心去感悟，不用心去领悟而用寂静感应！耳的功用仅只在于倾听，心的功用仅只在于跟外界事物交合。凝寂虚无的心境才能应待宇宙万物，只有大道才能汇集于安静心境。不掺杂任何事物的心境就叫「心斋」。』

颜回说：『我未受您的教导的时候，自以为有自己的存在；听了「心斋」的解释以后，就完全忘掉了自己。这样可算是达到了不掺杂任何事物的心境吗？』

孔子回答说：『可以了！我可以和你说了：你去卫国，不可为名利所动心，卫君能接纳你的话就说，不能接纳你的话就不开口。不开一门，不发一药，什么都不表示，等到不得不说时再说，这样就差不多了。不走路是很容易的，走路要不留痕迹就不容易了。为人欲所驱使就容易作伪，唯任自然天理就难以作假。

只知道有翅膀可以飞，却不知道没有翅膀能飞的；只知道用智慧而能知，却不知道不用智慧而能知的。如把眼前万物都看作空虚，就能使自己心境空明而发出自然之光，吉祥就会具有虚明之心。如果心境不能安静，这就叫作形坐而心不在。使耳目等器官内通于心而排除心智在外，鬼神也会来冥附，不要说是人了。这样万物都可以被感化，这是禹、舜得人心的关键，也是伏羲、几蘧始终不忘的处世原则，更何况我们平凡人呢？』

叶公子高将使于齐，问于仲尼曰：『王使诸梁也甚重。齐之待使者，盖将甚敬而不急。匹夫犹未可动也，而况诸侯乎！吾甚慄之。子常语诸梁也曰：「凡事若小若大，寡不道以欢成。事若不成，则必有人道之患①；事若成，则必有阴阳之患。若成若不成而后无患者，唯有德者能之。」吾食也执粗而不臧，爨无欲清之人。今吾朝受命而夕饮冰，我其内热与！吾未至乎事之情而既有阴阳之患矣！事若不成，必有人道之患，是两也。为人臣者不足以任之，子其有以语我来！』

仲尼曰：『天下有大戒二：其一命也，其一义也。子之爱亲，命也，不可解于心；臣之事君，义也，无适而非君也，无所逃于天地之间。是之谓大戒。是以夫事其亲者，不择地而安之，孝之至也；夫事其君者，不择事而安之，忠之盛也；自事其心②者，哀乐不易施乎前，知其不可奈何而安之若命，德之至也。为人臣子者，固有所不得已。行事之情而忘其身，何暇至于悦生而恶死！夫子其行可矣！

『丘请复以所闻：凡交③近则必相靡以信，远则必忠之以言，言必或传之。夫传两喜两怒之言，天下之难者也。夫两喜必多溢美之言，两怒必多溢恶之言。凡溢之类妄，妄则其信之也莫，莫则传言者殃。故《法言》曰：「传其常情，无传其溢言，则几乎全。」

『且以巧斗力者，始乎阳，常卒乎阴，泰至则多奇巧；以礼饮酒者，始乎治，常卒乎乱，泰至则多奇乐④。凡事亦然；始乎谅，常卒乎鄙；其作始也简，其将毕也必巨。言者，风波也；行者，实丧也。夫风波易以动，实丧易以危。故忿设无由，巧言偏辞。兽死不择音，气息茀然，于是并生心厉。克核大至，则必有不肖之心应之，而不知其然也。苟为不知其然也，孰知其所终！故法言曰：「无迁令，无劝成。过度，益也。」迁令劝成殆事，美成在久，恶成不及改，可不慎与！且夫乘物以游心，托不得已以养中，至矣。何作为报也！莫若为致命，此其难者？』

【注释】

①人道之患：人为的祸害，这里指国君的惩罚。

②自事其心：培养自己的道德修养。

③交：国与国之间的外交。

④奇乐：放纵无度。

【译文】

叶公子高将要去齐国，他问孔子：『楚王派我出使齐国，

任务是重要的。齐国接待使节，表面恭敬而内心冷漠，普通人尚且不易说服，何况是诸侯呢！我内心很担心。你曾对我说：「事情不论什么，很少有不通过语言的交往就可以使双方满意的。事情如果办不成，必然会受到惩罚；事情办成了，也会因又忧又喜留下病患。无论成败都不会留下祸患，只有道德高尚的人才能做到。」我每天吃的是粗茶淡饭，烧火做饭的人也就无须太讲究了。现在我早上接受使命，到了晚上就要饮用冰水，恐怕是心中焦躁担忧吧！我还不曾了解事实的真相，就已经有了忧喜交加的症状了。如果事情办不成，必定会受到处罚。这双重祸患，做臣子的我实在承担不了，你有什么办法能教诲我吗？』

孔子说：『世界上有两种戒条：一种是天命，一种是道义。做父母的子女，这是天命，无法去解释为什么；臣子侍奉国君，这是道义，无论到任何地方都不会没有国君，这是不可争辩的事实。这就是所谓的戒条。所以侍奉父母，不论做什么都要使他们放心，这是孝道的最好表现；臣子侍奉国君，无论做什么都不能放弃，这是道义的最高表现。注意修养品德的人，哀乐都不会牵制他，知道世事不容易，没有办法而安心去做，这是好的品性的最高境界。做臣子的一定就有不得已的事情。按实际行事而忘掉自身利益，哪里还有时间去享乐担心死去呢？你这样去做就行了！

『我再把我所知道的道理告诉你：一般国与国交往，邻近的国家要讲诚信，远方的国家要用语言来表示相互间的友好。国家间交往的言辞总得有人来传递，而传达两国国君的言辞，乃是天下最不好办的事。两国关系好，传达时必定多说好话；两国关系差，传达时必定会多说诽谤的话。溢美或溢恶的言辞都太虚伪，而虚妄的言辞致使相互间失和，国君相互失信，这时候传话的人就要倒霉了。所以古人说：「要传达真话，不要传达假语，这样基本就可以保全自己了。」

只要以智巧较量的人，开始时光明磊落，后来经常暗使计谋，到了最后就诡计百出。按照礼节喝酒的人，开始时守规矩，后来常常就没有礼仪，到了最后就会肆意放纵。任何事情都是这样：开始时相互信任，到头来互相欺骗；开始时简单，最终复杂。』

『言语就像风吹的水波，传达言语必定没有完美的。风吹水波容易荡漾，得失容易带来危险。所以生气没有其他什么原因，就是因为巧言狡辩有失当的地方。猛兽临死时惊恐乱叫，气息急促，且生出伤人害命的恶念。凡事过分计较，别人就会兴起报复之心，而你自己还不知道这究竟是怎么回事。倘若做了些什么但自己还不知道是怎么回事，谁能知道你将会遭到什么陷害！所以古人说：「不要改变下达的指令，不要强求别人做不能做到的事，过分的话是多余的。」改变别人的命令或者强人所难，都会有危险。成就一桩好事要靠长期经营，坏事一旦做出想挽回也来不及。行为处世怎么可以不谨慎呢！顺应自然，使心神自在，把一切都寄托于不得已以养蓄精神，这是最好的办法。有什么必要先做设想！不如原原本本地传达君命，这就是不容易做到的地方！』

颜阖将傅卫灵公大子，而问于蘧伯玉曰：『有人于此，其德天杀。与之为无方则危吾国；与之为有方则危吾身。其知适足以知人之过，而不知其所以过。若然者，吾奈之何？』

蘧伯玉曰：『善哉问乎！戒之，慎之，正女身哉！形莫若就，心莫若和。虽然，之二者有患。就不欲入，和不欲出。形就而入，且为颠为灭，为崩为蹶；心和而出，且为声为名，为妖为孽。彼且为婴儿①，亦与之为婴儿；彼且为无町②畦，亦与之为无町畦；彼且为无崖，亦与之为无崖。达之，入于无疵。

『汝不知夫螳螂乎？怒其臂以当车辙，不知其不胜任也，是其才之美者也。戒之，慎之！积伐而美者以犯之，几矣。

『汝不知夫养虎者乎？不敢以生物与之，为其杀之之怒也；不敢以全物与之，为其决之之怒也。时其饥饱，达其怒心。虎之与人异类而媚养己者，顺也；故其杀者，逆也。

『夫爱马者，以筐盛矢，以蜄盛溺。适有蚊虻仆，而拊之不时，则缺衔毁首碎胸。意有所至而爱有所亡，可不慎邪！』

匠石之齐，至于曲辕，见栎社树。其大蔽数千牛，絜之百围，其高临山[3]十仞而后有枝，其可以为舟者旁十数。观者如市，匠伯不顾，遂行不辍。弟子厌观[4]之，走及匠石，曰：『自吾执斧斤以随夫子，未尝见材如此其美也。先生不肯视，行不辍，何邪？』曰：『已矣，勿言之矣！散木也，以为舟则沉，以为棺椁则速腐，以为器则速毁，以为门户则液樠，以为柱则蠹，是不材之木也。无所可用，故能若是之寿。』

匠石归，栎社见梦曰：『女将恶乎比予哉？若将比予于文木邪？夫楂梨橘柚果蓏之属，实熟则剥[5]，剥则辱；大枝折，小枝泄。此以其能苦其生者也。故不终其天年而中道夭，自掊击于世俗者也。物莫不若是。且予求无所可用久矣！几死，乃今得之，为予大用。使予也而有用，且得有此大也邪？且也若与予也皆物也，奈何哉其相物也？而几死之散人，又恶知散木！』

匠石觉而诊其梦。弟子曰：『趣取无用，则为社何邪！』曰：『密！若无言！彼亦直寄焉，以为不知己者诟厉也。不为社者，且几有翦乎！且也彼其所保与众异，而以义喻之，不亦远乎！』

【注释】

①婴儿：比喻天真无知。

②町：田界。

③临山：高出山头。

④厌观：饱看。

⑤剥：遭受敲打。

【译文】

鲁国贤士颜阖被请去当卫国太子的老师。他去请教卫国贤大夫蘧伯玉：『现在有一个人，他天性刻薄。放弃道德标准迁就他做坏事的话，势必毁坏国家；坚持原则劝导他去做好事的话，又会威胁到自身。他的智慧刚好能知道别人的不足，却不明白别人为什么会有不足。像这样的人，我要怎么侍奉他呢？』

蘧伯玉说：『这是一个好问题！小心些，谨慎些，首先做好自己！表面上假装顺从他，不如暗暗疏导。虽然这样，这两种做法仍存在着隐患。和他好但不要太密切，教导他但不要太明显。表面关系太好，会招致祸端；暗自疏导太明显，会被认为是为了名利，同样会招致祸害。他如果像个天真的孩子，你也暂时像个孩子；他如果同你不分界线，没有架子，那你也就跟他不分界线。他如果没有束缚，那你也姑且同他一样。顺着他慢慢将其引入好的地方，就不会被怨恨了。』

『你不知道那螳螂吗？它努力举起臂膀去阻挡滚动的车轮，自己的力量根本无法胜任，还自以为很有能耐。小心些，谨慎些呀！总是显示自己的才智而触犯了他，那就你就有危险了。

『你不了解养虎的人吗？他从不敢拿活的动物去喂养老虎，因为害怕它捕杀活物会引发凶残的本性；也从不敢拿完整的动物去给老虎吃，因为害怕它在撕裂动物时会诱发凶残的本性。知道老虎何时饥何时饱，通晓它善变的性格。老虎与人并不是同类，但老虎却会讨好饲养它的人，原因就在于养虎人能顺着它的性情。而那些被老虎所伤的人，是因为他们不了解老虎的性情。』

『有一个爱马的人，把编好的竹筐用来盛马粪，把珍贵的蛤壳用来接马尿。刚巧有只牛虻叮咬马身，爱马之人出于爱惜突然出手把它打死，没想到马儿受到惊吓，咬断勒口、挣断辔头、弄坏胸饰。他本来是爱马，结果却适得其反，能不小心吗？』

匠石来齐国，到曲辕这个地方，看见一棵被世人当作神社的栎树。这棵栎树树冠大到可以遮挡数千头牛，用绳子量一下树干，足有几十丈粗，树梢高临山巅，离地面八十尺处才分枝，用它来造船能造十余艘。观赏的人群像赶集似的都来了，而这位匠人连眼都不抬，不停步地往前走。他的徒弟站在树旁看得这美，跑着赶上了匠石，说：『自我拿起刀斧跟随先生，从来没见过这样壮美的树木。可是先生却不肯看一眼，不住脚地走路，为什么呢？』匠石回答说：『好了，不要再说它了！这是一棵没有用处的树，用它做成船定会沉没，用它做成棺椁定会很快腐烂，用它做成器皿定会很快坏掉，用它做成屋门定会不合适，用它做成屋柱定会被虫蛀蚀。这是不能用的树。没有什么用处，所以它才能这样长寿。』

匠石回到家里，睡觉时梦见栎树对他说：『你将用什么东西跟我相比呢？你想拿可用之木来跟我相比吗？那楂、梨、橘、柚都属于果树，果实成熟就会被人摘，没有果子以后枝干也就会遭受摧残，大的枝干被吹断，小的枝丫被折断。这就是因为它们能结出鲜美果实才害自己，所以常常不能终享天年而中途死去，自身招来了世俗人们的破坏。各种事物莫不如此。而且我寻找没有什么用处的方法已经很久很久了，几乎被砍死，这才得以保全性命，无用也就成就了我最大的好处。假如我果真是有用，还能够获得延年益寿这一最大的用处吗？况且你和我都是「物」，你这样看待事物怎么可以呢？你不过是几近死亡的毫无用处的人，又怎么会真正理解没有用处的树木呢？』

匠石醒来后把梦中的情况讲给他的弟子。弟子说：『旨意在于求取无用，那么又做什么神树让世人瞻仰呢？』匠人石说：『闭嘴，别再说了！它只不过是在寄托而已，反而招致不理解自己的人的辱骂和伤害。如果它不做神树的话，它不就遭到砍伐吗？何况它用来保全自己的方法与众不同，而用常理去衡量它，可不就相去太远了吗？』

南伯子綦游乎商之丘，见大木焉，有异，结驷千乘，隐将芘①其所藾。子綦曰：『此何木也哉？此必有异材夫！』仰而视其细枝，则拳曲而不可以为栋梁；俯而视其大根，则轴解而不可以为棺椁；咶其叶，则口烂而为伤；嗅之，则使人狂酲②三日而不已。子綦曰：『此果不材之木也，以至于此其大也。嗟乎神人以此不材！』

宋有荆氏者，宜楸柏桑。其拱把而上者，求狙猴之杙者斩之；三围四周，求高名之丽③者斩之；七围八围，贵人富商之家求禅傍者斩之。故未终其天年，而中道之夭于斧斤，此材之患也。故解之以牛之白颡者，与豚之亢鼻者，与人有痔病者，不可以适河。此皆巫祝以知之矣，所以为不祥也。此乃神人之所以为大祥也。

支离疏者，颐隐于脐，肩高于顶，会撮指天，五管在上，两髀为胁。挫针治獬，足以糊口；鼓荚播精，足以食十人。上征武士，则支离攘④臂于其间；上有大役，则支离以有常疾不受功；上与病者粟，则受三钟⑤与十束薪。夫支离其形者，犹足以养其身，终其天年，又况支离其德者乎？

孔子适楚，楚狂接舆游其门曰：『凤兮凤兮，何如德之衰也！来世不可待，往世不可追也。天下有道，圣人成焉；天下无道，圣人生焉。方今之时，仅免刑焉。福轻乎羽，莫之知载；祸重乎地，莫之知避。已乎，已乎！临人以德。殆乎，殆乎！画地而趋。迷阳⑥迷阳，无伤吾行！吾行却曲，无伤吾足。』

山木，自寇也；膏火，自煎也。桂可食，故伐之；漆可用，故割之。人皆知有用之用，而莫知无用之用也。

【注释】

①芘：通『庇』，荫庇的意思。

②酲：酒醉。

③丽：屋栋。

④攘：捋。

⑤钟：计量单位。

⑥迷阳：指荆棘。

【译文】

南伯子綦在商丘一带游玩，看见一棵大树，长得很特别，上千辆由四匹马驾着的大车都能荫蔽在它的树荫下。子綦问道：『这是什么树呢？这树一定有特别的用处吧！』仰头观望大树的树枝，弯弯扭扭的树枝并不可以用来做栋梁；低头观看大树的主干，周围都是裂口并不可以用来做棺椁；用舌舔一舔树叶，口舌立刻溃烂受伤；用鼻闻一闻气味，使人像喝多了酒，三天三夜也醒不过来。子綦说：『这果真是什么用处也没有的树木，才能长到这么高大。唉，精神世界完全超脱世外的「神人」，就像这不成材的树木吧。』

宋国有个荆氏林场，适宜种植楸树、柏树、桑树。其中比较细的，想用作捆猴子木桩的人就把它砍了；三围四围粗的，想建造高大屋栋的人便把它砍了；七围八围粗的，富贵人家想用作棺椁的就把它砍了。所以它们不能享尽天年，而总是中途就死于刀斧的砍伐，这就是有用之材的祸患。因此，古人求神免灾的祭祀，不会把白额的牛、高鼻的小猪和生痔疮的人当作祭品丢进河里。这是巫祝都明白的，认为那是不吉祥的。但这正是『神人』认为最吉祥的。

有个叫支离疏的人，下巴隐藏在肚脐之下，双肩高耸过头顶，发髻朝天，五官的出口都在脊背之上，两翼双肋生在一起。他依靠给人缝洗衣服来糊口度日；又替人簸米筛糠，可供十个人生活。国家招兵时，他捋袖伸臂在征兵人面前；国家征劳役时，他则因身有残疾而不用劳役；国家给残疾人发放救济时，他还可以拿到三钟粮和十捆柴。像他那样身体残疾的人，还可以养活自己，享尽天年，又何况是品德不好的人呢！

孔子来到楚国，楚国隐士接舆路过他的门前唱着：『凤鸟啊，凤鸟啊！如今道德不行了！将来不能期待，过去无法挽回。天下大治，圣人便成就了事业；天下大乱，圣人也只有苟且生存。现在这个时代，只求能够免遭刑罚。幸福比羽毛还轻，而不知道怎么去把握它；祸患很重，而不知道如何去躲开它。这样吧！不要逢人就说你的德行！危险啊，危险啊！让人们遵循人为的规范吧！遍地的荆棘，不要阻挡我的行走！弯曲的道路，不要损伤我的脚！』

山上的树木因为材质好，所以给自身招来祸患；油脂能够点起烛火，所以给自己带来燃烧的结果。桂树皮芳香可以食用，所以被砍伐；树漆因为有用，所以被刀斧切割。世人都知道有用的好处，却不知道无用的好处。

【品读】

本篇的中心是讨论处世之道，既表述了庄子所主张的处人与自处的人生态度，也揭示出庄子处世的哲学观点。

全文可分为前后两大部分，前一部分至『可不惧邪』，以下为后一部分。前一部分假托三个故事：孔子在颜回打算出仕卫国时对他的谈话，叶公子高将出使齐国时向孔子的求教，颜阖被请去做卫太子师傅时向蘧伯玉的讨教，以此来说明处世之难，不可不慎。怎样才能应付艰难的世事呢？《庄子》首先提出要『心斋』，即『虚以待物』。再则提出要『知其不可奈何而安之若命』，第三提出要『正女身』，并『形莫若就』，『心莫若和』。归结到一点仍旧是『无己』。第二部分着力表达『无用』之为有用，用树木不成材却终享天年和支离疏形体不全却避除了许多灾祸来比喻说明，最后一句『人皆知有用之用，而莫知无用之用』，便是整个第二部分的结语。前后两部分是互补的，世事艰难推出了『无用』之用的观点，『无用』之用正是『虚以待物』的体现。『无用』之用充满了辩证法，有用和无用是客观的，但也是相对的，而且在特定环境里还会出现转化。

德充符

鲁有兀者①王骀，从之游者与仲尼相若。常季问于仲尼曰：『王骀，兀者也，从之游者与夫子中分鲁。立不教，坐不议。虚而往，实而归。固有不言之教。无形而心成者邪？是何人也？』

仲尼曰：『夫子，圣人也，丘也直后而未往耳。丘将以为师，而况不若丘者乎！奚假鲁国，丘将引天下而与从之。』

常季曰：『彼兀者也，而王先生，其与庸亦远矣。若然者，其用心也，独若之何？』

仲尼曰：『死生亦大矣，而不得与之变，虽天地覆坠，亦将不与之遗。审乎无假而不与物迁，命物之化而守其宗也。』

常季曰：『何谓也？』

仲尼曰：『自其异者视之，肝胆楚越也；自其同者视之，万物皆一也。夫若然者，且不知耳目之所宜，而游心乎德之和。物视其所一而不见其所丧，视丧其足犹遗土也。』

常季曰：『彼为己。以其知得其心，以其心得其常心。物何为最之哉？』

仲尼曰：『人莫鉴于流水而鉴于止水，唯止能止众止。受命于地，唯松柏独也正，在冬夏青青；受命于天，唯尧舜独也正，幸能正生，以正众生。夫保始之徵，不惧之实，勇士一人，雄入于九军。将求名而能自要者而犹若是，而况官天地、府万物、直寓六骸、象耳目、一知之所知而心未尝死者乎！彼且择日而登假②。人则从是也。彼且何肯以物为事乎！』

【注释】

①兀者：砍掉一只脚的人。

②登假：登遐，升于高远。形容精神超尘绝俗。

【译文】

鲁国有个被砍掉一只脚的人，名叫王骀，跟他学习的人和孔子的门徒一样多。孔子的学生常季对孔子说：『王骀是个被砍去了一只脚的人，跟从他学习的人在鲁国却和先生的弟子一样多。他站着不能给人教导，坐着不能谈论大事，弟子们却求学而来，学满而归。难道确有不用语言的教导，身残体秽内心世界也能达到成熟的境界吗？他又是什么样的人呢？』

孔子说：『王骀先生是一位道德高尚的人，我的学识和品行都落后于他，只是还没有去请教他罢了。我将把他当成老师，何况学识和品行都赶不上我孔丘的人呢！不仅是鲁国，我将带领天下的人向他学习。』

常季说：『他是一个被砍去了一只脚的人，而学识和品行都超过了先生，平常人与之相比差得就更远了。像这样的人，他运用智慧是怎样与众不同的呢？』

仲尼解释说：『死或生都是人生中的大事，可是死或生都不能改变他；即使天翻地覆，他也不会因为这样而丧失、毁灭。他通晓任何道理而不随物变迁，听任事物变化而坚守自己的要旨。』

常季说：『这怎么解释呢？』

孔子回答：『从事物各有不同上看，离得很近的肝胆虽同处于一体之中，也像是楚国和越国那样相距很远；从事物都有共性的一面去看，万事万物又都是一样的。像这样的人，将不知道耳朵眼睛最合适哪种声音和色彩，而让自己的心自由自在地遨游在忘形、忘情的任何境域之中。外物看到了它一方面却看不到它因失去而引起的不同一面，因而看到失去了一只脚就像是失去了土块一样。』

常季说：『他运用自己的智慧来提高自己的道德，运用自己的智慧去追求自己的理念。如果达到了忘情、忘我的境界，众多的弟子为什么还围绕在他的身边呢？』

孔子回答说：『一个人不能在流动的水面照见自己的身影，而是要面向不动的水面，只有静止的事物才能使别的事物也停止下来。各种树木都生长于地，但只有松树、柏树无论冬夏都生机勃勃；每个人都听命于天，但只有虞舜道德品行最值得颂扬。他们都时常端正自己的品行，因而能纠正他人的品行。保全初心，心怀无所畏惧的胆识；勇士只身一人，也敢带领千军万马。一心追逐名利而自我欲望高的人，尚且能够这样，何况那主宰天地，包藏万物，只不过把躯体当作寓所，把耳目当作外表，掌握了天机赋予的智慧所通解的道理，而精神世界又从不曾有过缺失的人呢！他定将选择吉祥的日子升登最高的境界，人们将一直地跟随着他。他还怎么会把带领众多弟子当成一回事呢？』

申徒嘉，兀者也，而与郑子产同师于伯昏无人。子产谓申徒嘉曰：『我先出则子止，子先出则我止。』其明日，又与合堂同席而坐。子产谓申徒嘉曰：『我先出则子止，子先出则我止。今我将出，子可以止乎，其未邪？且子见执政而不违，子齐执政乎？』申徒嘉曰：『先生之门，固有执政焉如此哉？子而说子之执政而后人者也？闻之曰：「鉴明则尘垢不止，止则不明也。久与贤人处则无过。」今子之所取大①者，先生也，而犹出言若是，不亦过乎！』

子产曰：『子既若是矣，犹与尧争善。计子之德，不足以自反邪？』申徒嘉曰：『自状其过，以不当亡者众；不状其过，以不当存者寡。知不可奈何而安之若命，唯有德者能之。游于羿之彀中。中央者，中地也；然而不中者，命也。人以其全足笑吾不全足者众矣，我怫然而怒，而适先生之所，则废然②而反。不知先生之洗我以善邪？吾与夫子游十九年矣，而未尝知吾兀者也。今子与我游于形骸之内，而子索我于形骸之外，不亦过乎！』子产蹴然改容更貌曰：『子无乃称！』

【注释】

①取大：谓求取于人以自广其德。

②废然：怒气消失的样子。

【译文】

申徒嘉被砍掉了一只脚，跟郑国的子产一起拜伯昏无人为师。子产对申徒嘉说：『我先出去你就留下，你先出去我就留下。』到了第二天，子产和申徒嘉都在一个屋子里、都在一条席子上坐着。子产又对申徒嘉说：『我先出去你就留下，你先出去我就留下。现在我将出去，你可以留下吗，或者是不留下呢？你见了我这掌管政务的大官却不回避，你把自己看得跟我一样吗？』申徒嘉生气地说：『伯昏无人先生的门下，不乏执政大臣吧？你因为执政大臣的地位就把别人都不放在眼里吗？我听说过这样的话：「镜子明亮，灰尘就没有停留在上面；尘垢落在上面，镜子也就不干净了。长久地跟贤人相处便会修身养性。」你拜师从学追求广博的见识，正是先生所宣扬的大道。而你竟说出如此的话，不是完全错了吗？』

子产回答说：『你已经如此无可救药，还要跟唐尧比德行，你估量你的德行，受过断足之刑还不足以使你有所省悟吗？』申徒嘉说：『自己陈述或争辩自己的过错，认为自己不是形残体缺的人很多；不陈述或辩解自己的过错，认为自己不应当健全的人很少。懂得事物都有无可奈何的地方，安于自己的现状并视如命运安排的那样，只有有修养的人才能做到这一点。一个人来到世上就像在善射的后羿张弓搭箭的射程之内，中心的地方也就是最好中靶的地方，但是却没有射中，这就是命。用健全的双脚笑话我残缺不全的人很多，我常常很生气，可是只要来到伯昏无人先生这里，我便很快回到正常的神态。真不知道先生用什么善道来改变我呢？我跟随先生十九年了，可是先生从不曾觉得我是个残疾人。如今你跟我心灵相通、以德相交，而你却用表露在外的形体来要求我，这不又完全错了吗？』

子产惭愧地说：『你不要再提了！』

鲁有兀者叔山无趾，踵见仲尼。仲尼曰：『子不谨，前既犯患若是矣。虽今来，何及矣！』无趾曰：『吾唯不知务而轻用吾身，吾是以亡足。今吾来也，犹有尊足者①存，吾是以务全之也。夫天无不覆，地无不载，吾以夫子为天地，安知夫子之犹若是也！』孔子曰：『丘则陋矣。夫子胡不入乎，请讲以所闻！』无趾出。孔子曰：『弟子勉之！夫无趾，兀者也，犹务学以复补前行之恶，而况全德之人乎！』

无趾语老聃曰：『孔丘之于至人，其未邪？彼何宾宾以学子为？彼且蕲以諔诡幻怪之名闻，而不知至人之以是为己桎梏邪？』老聃曰：『胡不直使彼以死生为一条，以可不可为一贯者，解其桎梏，其可乎？』无趾曰：『天刑之，安可解！』

【注释】

①尊足者：比脚更尊贵的东西，这里指道德修养。

【译文】

鲁国有个被砍去脚趾的人，名叫叔山无趾，他用脚后跟走路去向孔子学习。孔子不悦地说：『你太不小心了，以前犯了过错才留下割趾的后果。虽然今天你来了，可是怎么能够挽回过去呢！』叔山无趾说：『我只因不懂事便轻率而行，所以才失去了脚趾。如今我来见你，还有比脚更珍贵的东西，我想要努力保全它。天是什么都覆盖的，地是什么都托载的，我把先生看成天地，哪知先生竟是如此的人呢！』孔子说：『我孔丘实在肤浅。先生为何不进来呢，请把你的所见所闻讲一讲。』叔山无趾走了。孔子感慨地说：『你们要努力啊。叔山无趾是一个被割掉脚趾的人，还努力学习补救先前做过的错事，何况身体健全的人呢！』

叔山无趾对老子说：『孔子可能还未能达到「至人」的境地吧？他为什么不停地来向你请教呢？他还希望得到奇异虚妄的名声能传扬于外，难道不懂得「至人」总是把名声当

作束缚自己的绳吗？』老子说：『你怎么不直接使他把生和死看成一样，把可与不可当作一回事，从而解掉他的枷锁，这样不就行了吗？』叔山无趾说：『这是上天加给他的处罚，哪里可以解脱呢？』

鲁哀公问于仲尼曰：『卫有恶人[①]焉，曰哀骀它。丈夫与之处者，思而不能去也；妇人见之，请于父母曰「与为人妻，宁为夫子妾」者，十数而未止也。未尝有闻其唱者也，常和人而已矣。无君人之位以济乎人之死，无聚禄以望人之腹，又以恶骇天下，和而不唱，知不出乎四域，且而雌雄合乎前，是必有异乎人者也。寡人召而观之，果以恶骇天下。与寡人处，不至以月数，而寡人有意乎其为人也；不至乎期年，而寡人信之。国无宰，而寡人传国焉。闷然而后应，氾而若辞。寡人丑乎，卒授之国。无几何也，去寡人而行。寡人恤焉若有亡也，若无与乐是国也。是何人者也！』

仲尼曰：『丘也尝使于楚矣，适见豚子食于其死母者，少焉眴若，皆弃之而走。不见已焉尔，不得其类焉尔。所爱其母者，非爱其形也，爱使其形者也。战而死者，其人之葬也不以翣资；刖者之屦，无为爱之。皆无其本矣。为天子之诸御[②]，不爪翦，不穿耳；取妻者止于外，不得复使。形全犹足以为尔，而况全德之人乎！今哀骀它未言而信，无功而亲，使人授己国，唯恐其不受也，是必才全而德不形者也。』

【注释】

①恶人：丑陋的人。

②诸御：宫女。

【译文】

鲁哀公问孔子：『卫国有个长相十分丑陋的人，名叫哀骀它。男人跟他相处，常常喜欢他而舍不得离去。女人见到他便向父母提出，说「与其做别人的妻子，不如做哀骀它先生的妾。」这样的人已经十多个了，而且还在不断增加。从不曾听说哀骀它宣扬什么，只是常常附和别人罢了。他没有居于领导者的地位，无法拯救他人于水火之中，他没有很多的财物可使他人吃饱肚子。他面貌丑陋使天下人惊异，他总是附和他人而从没说什么，他也没有什么出众的才智，不过接触过他的人无论是男是女都愿意亲近他。这样的人一定有什么和常人不一样的地方。我把他招来看了看，果真相貌丑陋足以惊骇所有的人。跟他相处不到一个月，我便对他的为人有了了解；不到一年时间，我就十分信任他。国家没有主持政务的臣子，我便把国事交给他。他神情淡漠地回答，漫不经心又好像在加以推辞。我深感羞愧，终于把国事交给了他。不久，他就离开我走了，我内心难过得像丢失了什么，好像整个国家没有谁可以跟我志同道合似的。这究竟是怎样的人呢？』

孔子说：『我也曾去过楚国，正巧看见一群小猪在吮吸母猪的乳汁，但这只母猪已经死了，它们很快又惊惶地丢弃母猪逃跑了。因为不知道自己的同类已经死去，母猪不能像活着时那样哺育它们。小猪爱它们的母亲，不是爱它的乳汁，而是爱那个形体的精神。战死沙场的人，他们埋葬时不必用棺木上的饰物来送葬，砍掉了脚的人对于以前穿过的鞋子，没有理由再去珍惜它，这都是因为失去了最主要的东西。做天子的宫女，不剪指甲不穿耳眼；婚娶之人只在宫外办事，不会再到宫中服役。为保全外表尚且能够做到这一点，何况品德完美而高尚的人呢？如今哀骀它不说话也能让人信任他，没有功绩也能赢得喜欢，让人乐意交给他国事，还担心他不接受，这一定是有智慧而不表露的人。』

哀公曰：『何谓才全？』

仲尼曰：『死生、存亡、穷达、贫富、贤与不肖、毁誉、饥渴、寒暑，是事之变、命之行[1]也。日夜相代乎前，而知不能规乎其始者也。故不足以滑和，不可入于灵府。使之和豫，通而不失于兑。使日夜无郤，而与物为春，是接而生时于心者也。是之谓才全。』

『何谓德不形？』曰：『平者，水停之盛也。其可以为法也，内保之而外不荡也。德者，成和之修也。德不形者，物不能离也。』

哀公异日以告闵子曰：『始也吾以南面而君天下，执民之纪而忧其死，吾自以为至通矣。今吾闻至人之言，恐吾无其实，轻用吾身而亡吾国。吾与孔丘非君臣也，德友而已矣。』

闉跂支离无脤说卫灵公，灵公说之，而视全人：其脰肩肩。瓮盎大瘿说齐桓公，桓公说之，而视全人：其脰肩肩。故德有所长而形有所忘，人不忘其所忘而忘其所不忘，此谓诚忘。故圣人有所游，而知为孽，约为胶，德为接[2]，工为商。圣人不谋，恶用知？不斫，恶用胶？无丧，恶用德？不货，恶用商？四者，天鬻也。天鬻者，天食也。既受食于天，又恶用人！有人之形，无人之情。有人之形，而群于人；无人之情，故是非不得于身。眇乎小哉，所以属于人也；謷大哉，独成其天。

惠子谓庄子曰：『人故无情乎？』

庄子曰：『然。』

惠子曰：『人而无情，何以谓之人？』

庄子曰：『道与貌，天与之形，恶得不谓之人？』

惠子曰：『既谓之人，恶得无情？』

庄子曰：『是非吾所谓情也。吾所谓无情者，言人之不以好恶内伤其身，常因自然而不益生也。』

惠子曰：『不益生，何以有其身？』

庄子曰：『道与之貌，天与之形，无以好恶内伤其身。今子外乎子之神，劳乎子之精，倚树而吟，据槁梧而瞑③，天选子之形，子以坚白鸣！』

【注释】

①命之行：自然的运行，指非人为造成的情况变化。

②德为接：意思是把施德看作交接外物的手段。

③瞑：即『眠』。

【译文】

鲁哀公问：『天性完美无缺怎么解释呢？』

孔子回答：『死生、存亡、穷达、贫富、贤与不肖、毁誉、饥渴、寒暑，这都在不断地变化，是自然规律。白天和黑夜交替出现，而人的智慧却无法通晓它的开端。所以这些现象都不能扰乱我们心灵的安宁，不能够进入我们的心灵深处。能使心灵保持安定，通畅而不失快乐，就能使心境没有间断的与万物融会在春天般的世界里，这样便会接触外物而萌发适应四时的感情。这就是天性完美无缺。』

鲁哀公接着问：『什么是德不外露呢？』孔子说：『平静似水的完美状态。它能作为取而效法的例子，内心满蕴而外表安静。德，就是和顺的最高修养。有德而不表观出来，万物自然和他亲近。』

鲁哀公某天对闵子说：『以前我治理天下，管理国家的纲纪而忧心百姓的死活，便自以为是最懂治国之道的了。现在我听到德行修养极高的孔子的话，才知道自己没有真正的德行修养，会言行轻率而致国家危亡。我和孔子不是君与臣的关系，而是以德行修养相交的朋友！』

一个跛脚、驼背、缺嘴的人游说卫灵公，卫灵公十分亲近他；再看看那些身体健全的人，他们的脖颈实在是太长了。一个颈瘤很大的人游说齐桓公，齐桓公十分信任他；再看看那些体形完好的人，他们的脖颈实在是太细了。所以，在道德修养方面有超出常人的地方，在形体方面的缺失就会被别人遗忘。大多数人不会忘记所应当忘记的东西，而忘记了所不应当忘记的东西，这就叫作真正的遗忘。因而道德修养极高的人总能自得地出游，把智慧看作是不好的东西，把盟约看作是束缚，把推展德行看作是交接外物的途径，把小聪明看作是商贾的行为。圣人从不担忧未来，哪里用得着智慧？圣人从不捣乱肇事，哪里用得着约定？圣人从不感到缺少什么，哪里用得着推展德行？圣人从不买卖以取利，哪里用得着经商？这四种作法叫作自然的生存。所谓自然的生存，就是禀受自然的饲养。既然受养于自然，又哪里用得着人为！有了人的样子，不一定有人内在的精神。有了人的外表，所以与人结成群体；没有人的精神，所以是与非都不会在他的身上出现。渺小呀，和我们同类的人！伟大呀，只有融合于自然。

惠子问庄子：『人是没有情感的吗？』

庄子回答：『是的。』

惠子说：『如果人没有情，还可以称为人吗？』

庄子说：『道给了人外表，天给了人形体，怎么能说不是人呢？』惠子说：『那么是人，又怎么会没有情？』

庄子回答说：『你说的情并不是我所解释的情呀。我解释无情，意思是人不要因为好恶而伤害到自己的天性，常常顺应天地而不刻意去求长生。』惠子反问：『不求长生，怎么能够保全自己的性命呢？』

庄子说：『道给了人容貌，天给了人形体，可不要让世俗的好恶之情伤害到自己的本性。现在你放纵心神，损耗精力，靠着树干谈天论地，依凭槁梧闭目打盹，天地给了你形体，你却以一面之词而自鸣得意！』

【品读】

本篇的中心在于讨论人的精神世界，应该怎样反映宇宙万物的本原观念和一体性观念。庄子在本篇里所说的『德』，并非通常理解的道德或者德行，而是指一种心态。庄子认为宇宙万物均源于『道』，而万事万物尽管千差万别，归根到底又都浑然为一，从这两点出发，体现在人的观念形态上便应是『忘形』与『忘情』。所谓『忘形』就是物我俱化，死生同一；所谓『忘情』就是不存在宠辱、贵贱、好恶、是非。这种『忘形』与『忘情』的精神状态就是庄子笔下的『德』。『充』指充实，『符』则是证验的意思。

为了说明『德』的充实与证验，文章想象出一系列外貌奇丑或形体残缺不全的人，但是他们的『德』又极为充实，这样就组成了自成部分的五个小故事：孔子为王骀所折服，申徒嘉使子产感到羞愧，孔子的内心比叔山无趾更为丑陋，孔子向鲁哀公称颂哀骀它，『闉跂支离无唇』和『甕口大瘿』为国君所喜爱。五个小故事之后又用庄子和惠子的对话作为结尾，即第六部分，在庄子的眼里惠子恰是『德』的反证，还赶不上那些貌丑形残的人。

大宗师

知天之所为，知人之所为者，至矣。知天之所为者，天而生也；知人之所为者，以其知之所知以养其知之所不知，终其天年而不中道夭者，是知之盛也。虽然，有患。夫知有所待而后当，其所待者特未定也。庸讵知吾所谓天之非人乎？所谓人之非天乎？且有真人而后有真知。

何谓真人？古之真人，不逆寡，不雄成，不谟士。若然者，过而弗悔，当而不自得也。若然者，登高不栗，入水不濡，入火不热。是知之能登假于道者也若此。

古之真人，其寝不梦，其觉无忧，其食不甘，其息深深。真人之息以踵，众人之息以喉。屈服者，其嗌言[①]若哇。其耆欲深者，其天机浅。

古之真人，不知说生，不知恶死；其出不欣，其入不距；翛然而往，翛然而来而已矣。不忘其所始，不求其所终。受而喜之，忘而复之，是之谓不以心捐道，不以人助天。是之谓真人。若然者，其心志，其容寂，其颡頯。凄然似秋，暖然似春，喜怒通四时，与物有宜而莫知其极。

故圣人之用兵也，亡国而不失人心。利泽施乎万世，不为爱人。故乐通物，非圣人也；有亲，非仁也；天时，非贤也；利害不通，非君子也；行名失己，非士也；亡身不真，非役人也。若狐不偕、务光、伯夷、叔齐、箕子、胥馀、纪他、申徒狄，是役人之役，适人之适，而不自适其适者也。

古之真人，其状义而不朋，若不足而不承；与乎[②]其觚而不坚也，张乎其虚而不华也；邴邴乎其似喜也，崔乎其不得已也！滀乎进我色也，与乎止我德也；广乎其似世也！謷乎[③]其未可制也；连乎其似好闭也，悗乎忘其言也。

以刑为体，以礼为翼，以知为时，以德为循。以刑为体者，绰乎其杀也；以礼为翼者，所以行于世也；以知为时者，不得已于事也；以德为循者，言其与有足者至于丘也，而人真以为勤行者也。故其好之也一，其弗好之也一。其一也一，其不一也一。其一与天为徒，其不一与人为徒。天与人不相胜也，是之谓真人。

【注释】

①嗌言：言语吞吐像堵在喉头似的。

②与乎：容与，态度自然安闲的样子。

③謷乎：豪放自得的样子。

【译文】

了解自然的作为，并且了解人的行为，这就可以说是认识的极点。知道自然的力量，是了解事物出于自然；了解人的行为，是用他智慧所理解的知识哺育、熏陶他智慧所未能通晓的知识，直至自然死亡，这也许就是认识的最高境界了。尽管这样，还是存在忧患。人们的知识一定要有所依凭才能确定是否是对的，而认识的对象却是不一定的。怎么知道我所说的出于自然的东西不是出于人为呢？怎么知道我所说的人为的东西又不是出于自然呢？

况且有了『真人』才有真知。怎么算『真人』呢？

以前的『真人』，不倚众凌寡，不自恃功绩雄踞他人，也不图谋小事。像这样的人，错过了时机不追悔，赶上了机遇不骄傲。像这样的人，登上高处不害怕，下到水里不会沾湿，进入火中不觉炽热。只有具有智慧的人才能这样。

从前的『真人』，他睡觉时不做梦，他醒来时不担忧，他吃东西时不求爽口的，他呼吸时气息深沉。『真人』呼吸凭借的是着地的脚根，而一般人呼吸则靠的只是喉咙。被人误解时，言语在喉前吞吐就像堵塞了一样。那些嗜好和欲望太多的人，他们天生的智慧也没有多少。

以前的『真人』，不懂得愉快地生存，也不懂得憎恨死亡；出生不欣喜，死亡不逃避；自由自在地就走了，自由自在地又来了。不忘记自己从哪儿来，也不寻求自己要去哪儿，在什么境遇下都欢欢喜喜，忘掉死生像是回到了最本真的自己，这就叫作不用心智去破坏大道，也不用人为的因素去拯救自然。这就叫『真人』。像这样的人，他的内心忘掉了所有的一切，他的表情淡漠安闲，他的面额质朴端庄；冷肃得像秋天，温暖得像春天，高兴或愤怒跟四时更替一样毫无掩饰，和外界事物和谐相处而没有谁能探测到他精神世界的真谛。

所以古代有德行的人使用武力，灭掉敌国却不丢掉敌国的民心；利益和恩泽普施于万世，却不是为了喜爱什么人。乐于交往取悦别人的人，不是圣人；有偏爱就算不上是『仁』；伺机行事，不是贤人；不能看到利害的相通和相辅，算不上是有德行的人；办事求名而没有自身的本性，不是有识之士；丧失身躯却与自己的本性不符，不是能役使世人的人。像狐不偕、务光、伯夷、叔齐、箕子、胥余、纪他、申徒狄，这样的人都是被世人所役使，都是被安适世人的人所安适，而不是能使自己得到安适的人。

古时候的『真人』，神情严肃而不矜持，好像不足却又无所承受；态度安祥、特立超群而不顽固，胸怀宽阔而不浮夸；兴高采烈，一举一动又像是迫不得已；容颜和悦令人喜欢接近，与人交往德性让人乐于归依；气度博大像是宽广的天地。高放自得从不受什么局限，深藏不露好像喜欢封闭自己，心不在焉的样子又好像忘记了要说什么。把刑律当作主体，把礼仪当作羽翼，用自己掌握的知识去等待时机，用道德来遵循规律。

把刑律当作主体的人，杀了人也是仁慈的；把礼仪当作羽翼的人，用礼仪的教诲在世上实施；用自己掌握的知识去等待时机的人，是因为对各种事情出于无奈；用道德来遵循规律，就像是说只要有脚的人就能够登上山丘，而人们却真以为是善于行走的人。所以说人们所喜好的大体相同，人们不喜好的也是类似的。那些同样的东西是浑一的，那些不同的东西也是浑一的。那些同一的东西跟自然一样，那些不同一的东西跟人相同。自然与人不可能相互对立而相互超越，能够认识这一点的人就叫『真人』。

死生，命也；其有夜旦之常，天也。人之有所不得与，皆物之情也。彼特以天为父，而身犹爱之，而况其卓[①]乎！人特以有君为愈乎己，而身犹死之，而况其真乎！

泉涸，鱼相与处于陆，相呴以湿[②]，相濡以沫，不如相忘于江湖。与其誉尧而非桀也，不如两忘而化其道。

夫大块载我以形，劳我以生，佚我以老，息我以死。故善吾生者，乃所以善吾死也。

夫藏舟于壑，藏山于泽，谓之固矣。然而夜半有力者负之而走，昧者不知也。藏小大有宜，犹有所遁。若夫藏天下于天下而不得所遁，是恒物之大情也。特犯人之形而犹喜之。若人之形者，万化而未始有极也，其为乐可胜计邪！故圣人将游于物之所不得遁而皆存。善夭善老，善始善终，人犹效之，又况万物之所系[③]而一化之所待乎！

夫道，有情有信，无为无形；可传而不可受，可得而不可见；自本自根，未有天地，自古以固存；神[④]

鬼神帝，生天生地；在太极之上而不为高，在六极之下而不为深，先天地生而不为久，长于上古而不为老。狶韦氏得之，以挈天地；伏羲氏得之，以袭气母；维斗得之，终古不忒；日月得之，终古不息；堪坏得之，以袭昆仑；冯夷得之，以游大川；肩吾得之，以处大山；黄帝得之，以登云天；颛顼得之，以处玄宫；禺强得之，立乎北极；西王母得之，坐乎少广。莫知其始，莫知其终。彭祖得之，上及有虞，下及五伯；傅说得之，以相武丁，奄有天下，乘东维，骑箕尾，而比于列星。

南伯子葵问乎女偊曰：『子之年长矣，而色若孺子，何也？』曰：『吾闻道矣。』

南伯子葵曰：『道可得学邪？』曰：『恶！恶可！子非其人也。夫卜梁倚有圣人之才而无圣人之道，我有圣人之道而无圣人之才。吾欲以教之，庶几其果为圣人乎？不然，以圣人之道告圣人之才，亦易矣。吾犹守而告之，参日而后能外天下；已外天下矣，吾又守之，七日而后能外物；已外物矣，吾又守之，九日而后能外生；已外生矣，而后能朝彻；

朝彻而后能见独⑤；见独而后能无古今；无古今而后能入于不死不生。杀生者不死，生生者不生。其为物，无不将也，无不迎也，无不毁也，无不成也，其名为撄宁。撄宁也者，撄而后成者也。』

南伯子葵曰：『子独恶乎闻之？』曰：『闻诸副墨之子，副墨之子闻诸洛诵之孙⑥，洛诵之孙闻之瞻明，瞻明闻之聂许，聂许闻之需役，需役闻之于讴，于讴闻之玄冥，玄冥闻之参寥，参寥闻之疑始。』

【注释】

①卓：卓越。

②相呴以湿：用湿气互相呼吸。

③系：从属。

④神：通『生』。

⑤见独：谓窥见到卓然独立的至道。

⑥洛诵之孙：谓诵读者。

【译文】

死生是不可躲避的，就像有黑夜和白天一样，是自然法则。有些事情是不以人的意志所转移的，都是自然规律。人们认为天是生命之父，而一生爱戴它，何况那卓绝不凡的『道』呢！人们唯独认为只有君主超越自己，才舍命为他效忠，何况是对待『道』呢！

泉水干涸了，鱼儿困在陆地上相互依靠，互相吐着湿气温暖着对方，以唾沫湿润彼此的身体，不如将过去江湖里的日子彻底忘记。与其称赞唐尧的圣明，而非议夏桀的暴虐，不如不去想他们，而融于大道之中。

大地赋予我身体，并且用生存来锻炼我，用衰老来安逸我，用死亡让我休息。所以，把我的生命看作是好事的，也就因此而可以把我的死亡看作是好事。

把船儿藏在大山沟里，把渔具藏在深水里，可以说是十分保险了。然而半夜里有个力量大的人把它们连同山谷和河泽一块儿背着跑了，睡梦中的人们还什么也不知道。将小东西藏在大东西里是很合适的，不过还是会有丢失。假如把天下藏在天下里而不会遗失，这就是万物普遍的真理。人们只要有了人的形体便十分欣喜，其实像这样的身体，会千变万化是没有止尽的，那这种快乐还能计算得完吗？所以圣人将生活在各种事物都不会丢失的环境里而与万物共存亡。对于处理生老病死的人，人们尚且效法他，何况那万物所连接、各种变化所依托的大道呢！

『道』是真实让人信服的，然而它又是无为无形的；『道』可以感觉而不可传授，可以领悟而不能看见；『道』本身为本、为根，还未出现天地的远古时代，『道』就已经存在；它引出鬼神和上帝，产生天地；在太极之上却并不认为是最高，在六极之下却并不认为深，比天地存在的时间要长而不以为久，长于上古而不以为老。狶韦氏得到它，用来统治天地；伏羲氏得到它，用来协调阴阳；北斗星得到它，永不改变位置；太阳和月亮得到它，永远不停止地运行；堪坏得到它，用来盘踞昆仑山；冯夷得到它，用来巡游江河；肩吾得到它，用来守护泰山；黄帝得到它，用来登上云天；颛顼得到它，用来进驻玄宫；禺强得到它，用来建立北极；西王母得到它，用来阵守少广山。没有人能知道它的开始和终结。彭祖得到它，从远古的有虞时代一直活到五伯时代；傅说得到它，用来辅助武丁，统一天下，然后乘驾东维星，骑坐箕宿和尾宿，跻身于众星之列。

南伯子葵问女偊：『您的岁数已经够大了，可是您的容貌却像孩童，这是为什么呢？』女偊回答：『我得「道」了。』

南伯子葵说：『「道」可以传授吗？』女偊说：『不！怎么可行呢？你不是可以学习「道」的人。卜梁倚有圣人的才气却没有圣人宽广的心境，我有圣人虚淡的心境却没有圣人的才气，我想用宽广的心境来教导他，心想也许他果真能成为圣人。但是却不是这样，把圣人宽广的心境传告具有圣人才气的人，应是很简单的。我还是坚守着并告诉他，三天之后便能忘掉天下，既已遗忘天下，我又凝寂持守，七天之后能忘掉万物；既已忘掉外物，我又凝寂持守，九天之后便能遗忘自身的存在；既已忘掉存在的生命，而后心境便能好像朝阳一般清澈；能够心境如朝阳般清澈，而后就能够感受那深奥的「道」了；既已感知了「道」，而后就能超越古今的时限；既已能够超越古今的时限，而后便进入没有什么生、没有什么死的境界。摒除了生也就不再有死，留恋于生也就不存在生。作为事物，「道」无不有所送，也无不有所迎；无不有所毁，也无不有所成，这就叫作「撄宁」。撄宁，意思就是不受外界事物的干扰，而后保持心境的平静。』

南伯子葵又问：『您又是怎么得「道」的呢？』女偊接着说：『我从副墨（文字）的儿子那里得知的，副墨的儿子从洛诵（背诵）的孙子那里得知的，洛诵的孙子从瞻明（目视明晰）那里听到的，瞻明从聂许（附耳私语）那里听到的，聂许从需役（勤行不怠）那里得知的，需役从于讴（吟咏领会）那里听到的，於讴从玄冥（深远虚寂）那里听到的，玄冥从参寥（高旷寥远）那里听到的，参寥从疑始（迷茫而无所本）那里得知的。』

子祀、子舆、子犁、子来四人相与语曰：『孰能以无为首，以生为脊，以死为尻①，孰知死生存亡之一体者，吾与之友矣。』四人相视而笑，莫逆于心。遂相与为友。

俄而子舆有病，子祀往问之。曰：『伟哉，夫造物者！将以予为此拘拘也！』曲偻发背，上有五管，颐隐于齐，肩高于顶，句赘指天。阴阳之气有沴，其心闲而无事，跰躃而鉴于井，曰：『嗟乎！夫造物者又将以予为此拘拘也！』

子祀曰：『女恶之乎？』

曰：『亡，予何恶！浸假而化予之左臂以为鸡，予因之以求时夜；浸假而化予之右臂以为弹，予因之以求鸮炙。浸假而化予之尻以为轮，以神为马，予因乘之，岂更驾哉！且夫得者，时也；失者，顺也。安时而处顺，哀乐不能入也。此古之所谓县解也。而不能自解者，物有结之。且夫物不胜天久矣，吾又何恶焉？』

俄而子来有病，喘喘然②将死，其妻子环而泣之。子犁往问之，曰：『叱！避！无怛化！』倚其户与之语曰：『伟哉造化！又将奚以汝为，将奚以汝适？以汝为鼠肝乎？以汝为虫臂乎？』

子来曰：『父母于子，东西南北，唯命之从。阴阳于人，不翅于父母。彼近我死而我不听，我则悍矣，彼何罪焉？夫大块载我以形，劳我以生，佚我以老，息我以死。故善吾生焉，乃所以善吾死也。今之大冶铸金，金踊跃曰：「我且必为镆铘！」，大冶必以为不祥之金。今一犯人之形而曰：「人耳！人耳！」夫造化者必以为不祥之人。今一以天地为大炉，以造化为大冶，恶乎往而不可哉！』成然③寐，蘧然觉。

【注释】

①尻：脊骨最下端，也泛指臀部。

②喘喘然：气息急促的样子。
③成然：安闲熟睡的样子。

【译文】

子祀、子舆、子犁、子来四个人在一块闲聊：『谁能够把无当头，把生当脊柱，把死当尻尾，谁能够知道生死存亡浑然一体的道理，我们就可以跟他成为朋友。』四个人都会心地一笑，心有灵犀却不说话，于是相互交往成为朋友。

不久子舆病了，子祀前去探望他。子舆说：『伟大啊，造物者！把我变成如此不堪的样子！腰弯背驼，五脏穴口朝上，下巴深藏在肚脐之下，肩部高过头顶，弯曲的颈椎形如赘瘤向天隆起。』阴阳二气不和形成如此灾害，可是子舆的心里却十分舒畅好像没有生病似的，蹒跚地来到井边对着井水看自己，惊叹道：『哎呀，造物者竟把我变成如此不堪入目！』

子祀问：『你讨厌这个样子吗？』

子舆笑着说：『没有，我怎么会不喜欢这副样子！假使造物者逐渐把我的左臂变成公鸡，我便用它来报晓；假使造物者逐渐把我的右臂变成弹弓，我便用它来打斑鸠烤熟了吃。假使造物者把我的臀部变成车轮，把我的精神变化成骏马，我就用来乘坐，难道还要更换别的车马吗？那么生命的获得，是因为适时，生命的逝去，是因为顺应；安于适时而按照自然发展，悲哀和欢乐都不会侵入心房。这就是古人所说的解脱了困苦，然而不能自我解脱的原因，则是受到了外物的捆绑。况且万物的变化不能超越自然的力量已经很久很久，我又怎么能怨恨自己现在的变化呢？』

不久子来也生了病，将要死去，他的妻子儿女围在床前哭泣。子犁前去探望，说：『嘿，走开！不要惊扰他由生到死的变化！』子犁靠着门跟子来说：『伟大啊，造物者！又将把你变成什么，把你送到哪里？把你变化成老鼠的内脏吗？把你变化成虫蚁的翅膀吗？』

子来说：『父母对于子女，无论何方，他们都只能听从吩咐调遣。自然的变化对于人，就像父母一样；它使我靠近死亡而我却不听从，那么我就太霸道了，而它有什么过错呢！大地把我的形体托载，用生存来锻炼我，用衰老让我闲下来，用死亡来让我停止脚步。所以把我的存在看作是好事，也因此可以把我的死亡看作是好事。现在如果有一个技术精良的冶炼工匠铸造金属器皿，金属熔解后蹦起说「我将必须成为良剑莫邪」，冶炼工匠必定认为这是不好的金属。现在人一旦承受了人的外形，便说「成人了成人了」，造物者一定会认为这是不好的人。如今把天地当作大熔炉，把造物者当作技术高超的冶炼工匠，到哪里去不可以呢？』于是平静地离开人世，又好像欢喜地醒过来而重返人间。

子桑户、孟子反、子琴张三人相与友曰：『孰能相与于无相与，相为于无相为①；孰能登天游雾，挠挑无极；相忘以生，无所终穷？』

三人相视而笑，莫逆于心，遂相与为友。

莫然有间而子桑户死，未葬。孔子闻之，使子贡往侍事焉。或编曲，或鼓琴，相和而歌曰：『嗟来桑户乎！嗟来桑户乎！而已反其真，而我犹为人猗！』子贡趋而进曰：『敢问临尸而歌，礼乎？』

二人相视而笑曰：『是恶知礼意！』

子贡反，以告孔子曰：『彼何人者邪？修行无有而外其形骸，临尸而歌，颜色不变，无以命之，彼何人者邪？』

孔子曰：『彼游方之外者也；而丘游方之内者也。内外不相及，而丘使女往吊之，丘则陋矣。彼方与造物者为人，而游乎天地之一气。彼以生为附赘县疣，以死为决疣溃痈，夫若然者，又恶知死生先后之所在！假于异物，托于同体；忘其肝胆，遗其耳目；反覆终始，不知端倪；芒然彷徨乎尘垢之外，逍遥乎无为之业。彼又恶能愦愦然②为世俗之礼，以观众人之耳目哉！』

子贡曰：『然则夫子何方之依？』

孔子曰：『丘，天之戮民也。虽然，吾与汝共之。』

子贡曰：『敢问其方。』

孔子曰：『鱼相造乎水，人相造乎道。相造乎水者，穿池而养给；相造乎道者，无事而生定。故曰，鱼相忘乎江湖，人相忘乎道术。』

子贡曰：『敢问畸人。』

曰：『畸人者，畸于人而侔于天。故曰：天之小人，人之君子；人之君子，天之小人也。』

【注释】

①为：帮助。

②愦愦然：昏乱、糊涂的样子。

【译文】

子桑户、孟子反、子琴张三个人成为朋友：『谁能相交出于无心，相助出于没有目的呢？谁能超越万物之外，游于太虚，遗忘生死，与大道同游于任何地方呢？』三个人相视一笑，彼此心意相通，于是就相交谈如水，共同结为朋友。

不久，子桑户死了，还没有下葬。孔子听说后，就让子贡赶去帮助办丧事。孟子反和子琴张，一个在编次歌曲，一个在弹琴，他们唱道：『哎呀桑户啊！哎呀桑户啊！你已经返归自然了，而我们尚且在人间啊！』

子贡疾步走到他们跟前说：『请问面对着尸体歌唱，符合礼仪吗？』

二人相互看看笑着说：『你这种人哪里会知道礼的真正意思呢！』

子贡回来，把他所见所闻和孔子说：『他们都是怎样的人啊？没有道德修养，忘掉了形骸，对着尸体高歌，脸色不变，真是没法说他们。他们究竟是些怎样的人呢？』

孔子说：『他们都是些游于世间之外的人，而咱们却是生活在人世间的人。人世之外和人世之内彼此没有什么关系，然而我竟让你去吊唁，我实在是没有常识啊！他们正跟天地结为伙伴，而遨游于大道之中。他们把生命看作身上的赘瘤，他们把死亡看作身上脓疮的溃破，像这样的人，又怎么会在意死生的存在！生死虽然不一样，但终归是一体。不想肝胆，不计耳目；循环往复，没有终止；茫茫然彷徨于人世之外，自由自在地生活于天地之中。他们又怎么会对世俗的礼仪感兴趣，而故意显露于众人之前呢！』

子贡说：『这么说，那先生你将选择哪一方呢？』

孔子说：『我孔丘乃是天地所要惩罚的人。尽管这样，我们应该一起去竭力追求方外之「道」。』

子贡说：『请问有哪些方法？』

孔子说：『鱼在深水里悠然自得，人在大道中怡然自得。适性于水的鱼在天池中穿行就很知足；符合于道的人无为恬淡而自静。所以说：鱼在江湖里会忘掉一切而悠闲自在，人在大道中能忘掉一切而自由自在。』

子贡说：『再冒昧地请教「畸人」是什么意思？』

孔子说：『所谓「畸人」，就是和正常人不一样，而又合于自然的人。所以说，背离自然的人就是人世间的君子；人世间的君子就是背离自然的人。』

颜回问仲尼曰：『孟孙才，其母死，哭泣无涕①，中心不戚，居丧不哀。无是三者，以善处丧盖鲁国。固有无其实而得其名者乎？回壹怪之。』

仲尼曰：『夫孟孙氏尽之矣，进于知矣。唯简之而不得，夫已有所简矣。孟孙氏不知所以生，不知所以死；不知就先，不知就后。若化为物，以待其所不知之化已乎！且方将化，恶知不化哉？方将不化，恶知已化哉？吾特与汝，其梦未始觉者邪！且彼有骇形而无损心，有旦宅而无情死。孟孙氏特觉，人哭亦哭，是自其所以乃。且也相与吾之耳矣，庸讵知吾所谓吾之乎？且汝梦为鸟而厉乎天，梦为鱼而没于渊。不识今之言者，其觉者乎？其梦者乎？造适不及笑，献笑不及排，安排而去化，乃入于寥②天一。』

意而子见许由。许由曰：『尧何以资汝？』意而子曰：『尧谓我：「汝必躬服仁义而明言是非」。』

许由曰："而奚来为轵？夫尧既已黥汝以仁义，而劓汝以是非矣，汝将何以游夫遥荡恣睢转徙之涂乎？"

意而子曰："虽然，吾愿游于其藩。"

许由曰："不然。夫盲者无以与乎眉目颜色之好，瞽者无以与乎青黄黼黻之观。"意而子曰："夫无庄[3]之失其美，据梁之失其力，黄帝之亡其知，皆在炉捶之间耳。庸讵知夫造物者之不息我黥而补我劓，使我乘成以随先生邪？"

许由曰："噫！未可知也。我为汝言其大略：吾师乎！吾师乎！䪠万物，而不为义；泽及万世而不为仁；长于上古而不为老，覆载天地刻雕众形而不为巧，此所游已！"

【注释】

①涕：泪水。

②寥：寂寥，虚空。

③无庄：虚构的古代美人之名，寓含不装饰的意思。

【译文】

颜回问孔子："孟孙才的母亲死了，他哭却无泪，心中不觉悲伤，居丧时也不哀伤。没有这三个方面的表现，但以善于处理丧事闻名鲁国。难道真有徒有其名的人吗？我感到很不可思议。"

孔子说："孟孙才处理丧事的确是很完美了，大大超过了懂得丧葬礼仪的人。人们总想从简治丧却做不到，而孟孙才已经做到了。孟孙才不问人为什么而生，也不探寻人为什么而死，不知趋生晚死。他顺应自然规律，等待他所不知晓的变化出现！况且马上出现变化，如何知道不变化呢？现在未曾变化，又怎么知道如何变化呢？我和你，都是在梦中还没有醒来的人啊！再说，有形体的更换却没有精神的减损，有形体的转化而没有真正的死亡。只有孟孙才觉醒，别人哭他也哭，这就是他为什么这样居丧的原由。再说，人们交往总借助形体称赞自我，又怎么知道我所说的我是何物呢？你梦中变成飞鸟便展翅飞上蓝天，梦中变为鱼便摇尾游向深渊。不明白正在说话的我们，是清醒的，还是在梦中？人们心境变化时来不及笑，发出笑声来不及安排，安于自然的变化而顺应变化，就进入到寂寥虚无而浑然一体的境界中。』

意而子拜见许由。许由问：『尧把什么东西给你了？』意而子说：『尧对我说：「你一定得亲自实践仁义，并明白无误地阐明对错」』。许由好奇地问：『你怎么还要来我这呢？尧已经用「仁义」在你的额上烙下了印记，又用「是非」割下了你的鼻子，你将依靠什么游处于逍遥放荡、纵任不拘、辗转变化的道路呢？』意而子说：『就算这样，我还是希望能游处于这样的境域。』

许由说：『错。没法跟盲人观赏美丽的眉目和容颜，没法跟失明的人赏鉴礼服上各种不同颜色的花纹。』意而子说：『无庄不再打扮忘掉自己的容颜，据梁不再逞强忘掉自己的勇敢，黄帝闻「道」之后忘掉自己的智慧，他们都因为经过了「道」的冶炼。怎么知道那造物者不会让我保养受黥刑的伤痕和补全我受劓刑所残缺的鼻子，使我得以保全托载精神的身躯而向先生学习呢？』

许由叹道：『唉！这可是不可能知道的。我还是给你说个大概吧。「道」是我伟大的宗师啊！我伟大的宗师啊！把万物变成粉末不是为了某种道义，把恩泽施于万世不是出于仁义，超过上古不算老，回天载地、雕创万物之形也不算技巧。这就走进「道」的境界了。』

颜回曰：『回益[1]矣。』

仲尼曰：『何谓也？』

曰：『回忘仁义矣。』

曰：『可矣，犹未也。』

它日复见，曰：『回益矣。』

曰：『何谓也？』

曰：『回忘礼乐矣。』

曰：『可矣，犹未也。』

它日复见，曰：『回益矣。』

曰：『何谓也？』

曰：『回坐忘矣。』

仲尼蹴然曰：『何谓坐忘？』

颜回曰：『堕肢体，黜聪明，离形去知，同于大通，此谓坐忘。』

仲尼曰：『同则无好也，化则无常[2]也。而果其贤乎！丘也请从而后也。』

子舆与子桑友。而霖雨[3]十日，子舆曰：『子桑殆病矣！』裹饭而往食之。至子桑之门，则若歌若哭，鼓琴曰：『父邪！母邪！天乎！人乎！』有不任其声而趋举其诗焉。

子舆入，曰：『子之歌诗，何故若是？』曰：『吾思夫使我至此极者而弗得也。父母岂欲吾贫哉？天无私覆，地无私载，天地岂私贫我哉？求其为之者而不得也！然而至此极者，命也夫！』

【注释】

①益：进步。

②常：执着。

③霖：三日以上的阴雨。

【译文】

颜回说：『我提高了。』

孔子问道：『你的提高指的哪里？』

颜回说：『我已经忘掉仁义了。』

孔子拍掌称道：『好，不过还不行。』

过了几天颜回又来拜见孔子，说：『我又提高了。』

孔子问：『你的提高指的是什么？』

颜回说：『我忘了礼乐了。』

孔子说：『好，不过还不够。』

过了几天颜回又再次拜见孔子，说：『我又进步了。』

孔子问：『你的进步指的是哪方面？』

颜回说："我"坐忘"了"。

孔子诧异地问："什么是"坐忘"？"

颜回答道："毁掉了强健的形体，不要了灵敏的听觉和好的视力，脱离了身躯并摒弃了智慧，从而与大道浑同相通为一体，这就叫静坐心空物我两忘的"坐忘"。"

孔子解释道："与万物同一就没有好坏，顺应变化就不局限常理。你果真成了有德行的人啊！我作为老师也希望能不断学习而步你的后尘。"

子舆和子桑是挚友。阴雨连续下了十日，子舆说："子桑恐怕要饿坏了吧。"便带着饭送给他吃。来到子桑门前，听见子桑仿佛在唱歌，又像在痛哭，弹着琴唱道："父亲啊！母亲啊！天啊！人啊！"声音微弱而歌词不清。

子舆走进屋子，问："你唱诗歌，为什么这样唱？"子桑说："我在想是什么让我贫穷到这种地步。难道父母使我穷困的吗？苍天无偏私覆盖着，大地无偏私承载着，天地难道会让我贫穷吗？找寻使我贫困的原因，可是找不到。然而我达到这种绝境，是命运的安排吧！"

【品读】

"大宗师"意思是最值得敬仰、尊崇的老师。谁够得上称作这样的老师呢？那就是达于"道"之人。大宗师是指庄子思想中总合道宇宙生成意义的观念，意为开创、传授道理，有成就又受人尊崇的老师。庄子认为自然和人是浑一的，人的生死变化是没有什么区别的，因而他主张清心寂神，离形去智，忘却生死，顺应自然。这就叫作"道"。

全文可以分为九个部分。第一部分至『是之谓真人』，虚拟一理想中的『真人』，『真人』能做到『天』『人』不分，因而『真人』能做到『无人』『无我』。『真人』的精神境界就是『道』的形象化。第二部分至『而比于列星』，从描写『真人』逐步转为述说『道』，只有『真人』才能体察『道』，而『道』是『无为无形』而又永存的，因而体察『道』就必须『无人』『无我』。这两段是全文论述的主体。第三部分至『参寥闻之疑始』，讨论体察『道』的方法和进程。第四部分至『蘧然觉』，说明人的死生存亡实为一体，无法逃避，因而应『安时而处顺』。第五部分至『天之小人也』，进一步讨论人的死和生，指出死和生都是『气』的变化，是自然的现象，因而应『相忘以生，无所终穷』，只有这样精神才会超脱物外。第六部分至『乃入于寥天一』，说明人的躯体有了变化而人的精神却不会死，安于自然、忘却死亡，便进入『道』的境界而与自然合成一体。第七部分至『此所游已』，批判仁义和是非观念，指出仁义和是非观念是对人的精神摧残。第八部分至『丘也请从而后也』，论述『离形去知，同于大通』是进入『道』的境界的方法。余下为第九部分，说明一切都由『命』所安排，即非人为之力所安排。

应帝王

啮缺问于王倪，四问而四不知。啮缺因跃而大喜，行以告蒲衣子。

蒲衣子曰：『而乃今知之乎？有虞氏不及泰氏。有虞氏，其犹藏仁以要人；亦得人矣，而未始出于非人。泰氏其卧徐徐，其觉于于[①]。一以己为马，一以己为牛。其知情信，其德甚真，而未始入于非人。』

肩吾见狂接舆。狂接舆曰：『日中始何以语女？』

肩吾曰：『告我，君人者以己出经式义度，人孰敢不听而化诸②？』

狂接舆曰：『是欺德也。其于治天下也，犹涉海凿河而使蚊负山也。夫圣人之治也，治外夫？正而后行，确乎能其事者而已矣。且鸟高飞以避矰弋之害，鼷鼠深穴乎神丘之下以避熏凿之患，而曾二虫之无知！』

天根游于殷阳，至蓼水之上，适遭无名人而问焉，曰：『请问为天下。』无名人曰：『去！汝鄙人也，何问之不豫③也！予方将与造物者为人，厌则又乘夫莽眇之鸟，以出六极之外，而游无何有之乡，以处圹埌之野。汝又何帠以治天下感予之心为？』又复问。无名人曰：『汝游心于淡，合气于漠，顺物自然而无容私焉，而天下治矣。』

阳子居见老聃，曰：『有人于此，向疾强梁，物彻疏明，学道不倦。如是者，可比明王乎？』

老聃曰：『是于圣人也，胥易技系，劳形怵心者也。且也虎豹之文来田④，猨狙之便执斄之狗来藉。如是者，可比明王乎？』

阳子居蹴然曰：『敢问明王之治。』

老聃曰：『明王之治，功盖天下而似不自己，化贷万物而民弗恃。有莫举名，使物自喜。立乎不测，而游于无有者也。』

【注释】

①于于：逍遥自在的样子。

②化诸：随之变化。

③豫：愉快。

④来田：招来田（畋）猎。

【译文】

啮缺向王倪请教，问了四次，王倪都不能解答。啮缺高兴得跳了起来，去到蒲衣子处把这种情况告诉给他。蒲衣子说：『现在你明白了吧？虞舜比不上伏羲氏。虞舜他心怀仁义以拉拢人心，获得了百姓的爱戴，但是他还是不曾超脱物外。伏羲氏睡卧时很安静，他睡醒时悠然自得；他任凭别人把自己看作马，任凭别人把自己看作牛。他的智慧真实无伪，他的品德纯真可信，而且从不曾受到外物的牵绊。』

肩吾见狂接舆。狂接舆问：『日中始跟你说些什么？』

肩吾回答道：『他告诉我，做国君的一定要靠自己的意志制定法度，人民谁敢不听呢！』

狂接舆说：『这是谎言。那样去治理天下，就好像下海凿河，使蚊子背山一样。圣人治理天下，是治理法度以外吗？圣人先是正己而后才能教育他人，听任人们之所能就是了。鸟儿还知道高飞躲避弓箭的伤害，老鼠还知道深藏于社坛下面以避免烟熏和锄掘的祸患吧，难道你还不如这两个小虫子？』

天根闲游到殷山的南面，走在蓼水河边，正巧遇上无名人，并向他求教，说：『请问如何治理天下？』

无名人回答道：『走开，你这个见识浅薄的人，怎么一张口就让人感到不愉快！我正打算跟造物者结成伴侣，厌烦时便又驾乘那状如飞鸟的清虚之气浮于太空，超脱于「六极」之外，而漫游在什么也不存在的地方，生活在旷达无垠的环境。你又怎么能用梦呓般的所谓治理天下的话语来扰乱我的心思呢？』天根再次提问。

无名人回答道：『你应保持自然、无所修饰的心境，交合形气于清静无为的状态，顺应事物的自然发展而摒弃所有个人的偏私，天下也就得到治理。』

阳子居拜见老聃，问道：『如果现在有这样一个人，他为人迅疾敏捷、强干果决，处事洞察准确、了解透彻，学「道」专心勤奋从不倦怠。这样的人，可以跟圣哲之王相比吗？』

老聃回答道：『这样的人在圣人眼中，只不过就像聪明的小吏供职办事时为技能所限制，身躯劳苦，担惊受怕的样子。况且虎豹因为毛色美丽而招来众多猎人的围捕，猕猴因为动作敏捷、狗因为捕物迅猛而招致绳索的拘缚。像这样的动物，也可以拿来跟圣哲之王相比吗？』

阳子居听了这番话面容失色，不安地说：『冒昧地请教圣哲之王是如何治理天下的。』

老聃说：『圣哲之王治理天下，功绩普盖万物却又像自己什么也不曾做过，教化施及世人而百姓却不觉得有所依赖；功德无量却不要求称述赞美，使万事万物各居其所而欣然自得。处于高深莫测的神妙境界，而生活在什么也不存在的世界里。』

郑有神巫曰季咸，知人之死生存亡、祸福寿夭，期①以岁月旬日若神。郑人见之，皆弃而走。列子见之而心醉，归，以告壶子，曰：『始吾以夫子之道为至矣，则又有至焉者矣。』壶子曰：『吾与汝既其文，未既其实，而固得道与？众雌而无雄，而又奚卵焉！而以道与世亢，必信，夫故使人得而相汝。尝试与来，以予示之。』

明日，列子与之见壶子。出而谓列子曰：『嘻！子之先生死矣！弗活矣！不以旬数矣！吾见怪焉，见湿灰焉！』列子入，泣涕沾襟以告壶子。壶子曰：『乡吾示之以地文，萌乎不震不正，是殆见吾杜德机也。尝又与来。』

明日，又与之见壶子。出而谓列子曰：『幸矣，子之先生遇我也，有瘳[②]矣！全然有生矣！吾见其杜权矣。』列子入，以告壶子。壶子曰：『乡吾示之以天壤，名实不入，而机发于踵。是殆见吾善者机也。尝又与来。』

明日，又与之见壶子。出而谓列子曰：『子之先生不齐，吾无得而相焉。试齐，且复相之。』列子入，以告壶子。壶子曰：『吾乡示之以太冲莫胜。是殆见吾衡气机也。鲵桓之审为渊，止水之审为渊，流水之审为渊。渊有九名，此处三焉。尝又与来。』

明日，又与之见壶子。立未定，自失而走。壶子曰：『追之！』列子追之不及，反，以告壶子曰：『已灭矣，已失矣，吾弗及已。』壶子曰：『乡吾示之以未始出吾宗。吾与之虚而委蛇，不知其谁何，因以为弟靡，因以为波流，故逃也。』

然后列子自以为未始学而归。三年不出，为其妻爨[③]，食豕如食人，于事无所亲。雕琢复朴，块然独以其形立。纷而封哉，一以是终。

无为名尸[④]，无为谋府；无为事任，无为知主。体尽无穷，而游无朕，尽其所受乎天而无见得，亦虚而已。至人之用心若镜，不将不迎，应而不藏，故能胜物[⑤]而不伤。

南海之帝为倏，北海之帝为忽，中央之帝为浑沌。倏与忽时相遇于浑沌之地，浑沌待之甚善。倏与忽谋报浑沌之德，曰：『人皆有七窍以视听食息，此独无有，尝试凿之。』日凿一窍，七日而浑沌死。

【注释】

①期：预卜的时期。

②瘳：病愈，这里指病情大大减轻。

③爨：烧火煮饭。
④尸：主，引伸指寄托的场所。
⑤胜物：指足以反映事物。

【译文】

郑国有一个巫师叫季咸，能够预测人的生死存亡、祸福寿夭，他预言的吉凶都会在指定的日期发生，应验如神灵。郑国人见到他，都逃之夭夭。列子得知此事却从心里折服，回来把实情告诉给壶子，说：『原来我认为先生的道术是最高深的，现在才知又有更高深的人了。』壶子说：『我教授给你的仅仅是道的表象，还没有教授给你道的实质，你难道以为得道了吗？就好比只有很多雌性而无雄性，又怎么能产卵呢！你用表面浅显之道与世人较量，必伸其能，所以才让巫者窥测到心迹而给你占卜吉凶祸福。试着请他来，把我介绍给他相面。』

第二天，列子陪同季咸来见壶子。季咸出来后对列子说：『唉！你的老师要死了！不能活了！不会超过十天了！我看见了怪异的情形，就像水湿之灰一样毫无生机。』列子进去，眼泪湿透了衣襟，把季咸的话告诉给壶子。壶子说：『刚才我把大地般寂静的心境显示给他看，茫然无知，不动不止，这大概是他看见我失去生机了。试着再随同他来看看。』

过了一天，列子又陪同季咸来见壶子。季咸出来后对列子说：『幸亏你的先生遇上了我。有可能痊愈了，完全有活的希望了！我看见他死寂之中萌生出了活力。』列子进去，把季咸的话转告给壶子。壶子说：『刚才我把天地间变化生长的心境显示给他看，摒弃名利之心，生机自下而上地涌动，这大概是他看见我活力萌动的迹象了。试着再随同他来看看。』

过了一天，列子又陪同季咸来见壶子。季咸出来后对列子说：『你的老师神色变化无常，我没法给他相面。等他平静之后，再来给他相面。』列子进去，把季咸的话告诉给壶子。壶子说：『刚才我把均衡和谐的冲漠之气显示给他看，这大概是他看见我心静气稳的迹象了。鲸鲵盘踞的深水被称为渊，不流动的深水也称为渊，流动的深水亦可称为渊。渊有九种，我给他看的只有三种。试着再随同他来看看。』

又过了一天，列子又陪同季咸来见壶子。季咸还没站稳，便惊惶失措而逃之夭夭。壶子对列子说：『追上他！』列子没追上，转身回来，报告壶子说：『季咸已经无影无踪，不知去向了，我追不上他。』壶子说：『刚才我没有展露我的本相给他看，我只是显示出虚心凝寂而顺息自然的样子，他摸不清我所使用的是何种神通，只看见我如草随风而倒，如水逐波而流的状态，所以就逃走了。』

从这以后列子自认为未尝学会道的实质，便回到故里自学，三年不出家门，代替妻子烧火煮饭，把喂猪当作请客吃饭，对于任何事物漠不关心，除掉修饰而返璞归真，像槁木死灰一样无欲无求，在纷繁的世事中能封闭心窍而不被干扰，终身坚守着本真之道。

不要成为名誉的宿主，不要成为谋略的源头；不要成为世事的负累，不要成为智慧的主宰。潜心悟道而且永不休止，无拘无束地游乐而不留下踪迹；安之若泰禀承自然，从不表露也从不计较得失，也就心境清虚淡泊而无欲无求罢了。修养高尚的『至人』内心就像一面镜子，对于外物是来者即照去者不留，反映事物本身从不有所隐藏，所以能够反映外物而又不因此劳神伤脑。

南海的大帝名叫倏，北海的大帝名叫忽，中央的大帝名叫浑沌。倏与忽常常相会于浑沌之处，浑沌对他们非常好，倏和忽在一起商量报答浑沌的深厚情谊，说：『人人都有眼耳口鼻七个窍孔用来视、听、吃和呼吸，唯独浑沌没有，我们试着为他凿开七窍。』他们每天凿出一个孔窍，凿了七天浑沌也就死去了。

【品读】

《应帝王》是《庄子》内篇中的最后一篇，它表达了庄子的为政思想。庄子对宇宙万物的认识基于『道』，他认为整个宇宙万物是浑一的，因此也就无所谓不同，世间的一切变化也都出于自然，人为的因素都是外在的、附加的。基于此，庄子的政治主张就是以不治为治，无为而治便是本篇的中心。什么样的人应成为『帝王』呢？那就是能够听任自然、顺乎民情、行不言之教的人。

全篇大体分为七个部分。第一部分至『而未始入于非人』，借蒲衣子之口说出理想的为政者，听任人之所为，从不堕入物我两分的困境。第二部分至『而曾二虫之无知』，指出制定各种行为规范乃是一种欺骗，为政者无须多事，倘要强人所难就像『涉海凿河』『使蚊负山』一样。第三部分至『而

天下治矣』，进一步倡导无为而治，即『顺物自然而无容私焉』的主张。第四部分至『而游于无有者也』，提出所谓『明王』之治，即『使物自喜』『化贷万物』的无为之治。第五部分至『一以是终』，叙述神巫给得道的壶子看相的故事，说明只有『虚』而『藏』才能不为人所测，含蓄地指出为政也得虚己而顺应。第六部分至『故能胜物而不伤』，强调为政清明，应像镜子那样，来者就照，去者不留，『胜物』而又『不伤』。余下为第七部分，叙述浑沌受人为伤害失去本真而死去的故事，寓指有为之政祸害无穷。全篇以这七个故事，寓托了庄子无为而治的政治主张。

骈拇

骈拇枝指出乎性哉，而侈于德；附赘县疣出乎形哉，而侈于性；多方乎仁义而用之者，列于五藏哉，而非道德之正也。是故骈于足者，连无用之肉也；枝于手者，树无用之指也；多方骈枝于五藏之情①者，淫僻于仁义之行，而多方于聪明之用也。

是故骈于明者，乱五色，淫文章，青黄黼黻之煌煌非乎？而离朱是已。多于聪者，乱五声，淫六律，金石丝竹黄钟大吕之声非乎？而师旷是已。枝于仁者，擢德塞性以收名声，使天下簧鼓以奉不及之法非乎？而曾、史是已。骈于辩者，累丸结绳窜句，游心于坚白同异之间，而敝跬誉无用之言非乎？而杨、墨是已。故此皆多骈旁枝之道，非天下之至正②也。

彼正正者，不失其性命之情③。故合者不为骈，而枝者不为跂；长者不为有余，短者不为不足。是故凫胫虽短，续之则忧；鹤胫虽长，断之则悲。故性长非所断，性短非所续，无所去忧也。

意仁义其非人情乎！彼仁人何其多忧也。且夫骈于拇者，决④之则泣；枝于手者，龁之则啼。二者或有馀于数，或不足于数，其于忧一也。今世之仁人，蒿目⑤而忧世之患；不仁之人，决性命之情而饕贵富。故意仁义其非人情乎？自三代以下者，天下何其嚣嚣也。

【注释】

①五藏：即五脏，『五藏之情』指人的内在之情，即天生的品行和欲念。

②至正：至道正理。

③性命之情：性，本性；命，天命。这里是顺其自然的意思。

④决：分开。

⑤蒿目：费解。

【译文】

脚趾并生和歧指旁出，这是天生而来的，不过比常人多生些东西罢了。附着于人体的赘瘤出自人的形体，不过超出了人天生而成的身体。采用多种方法施行仁义，好比身体不可或缺的五脏，却不是无所偏执的中正之道。所以，脚上双趾并生的，是连结了多余的肉；手上六指旁出的，是伸出了没用的手指；各种并生、旁出的多余的东西对于人天生的本性和欲望来说，好比无原则的胡乱地推行仁义，又像是脱出常态地使用人的听力和视力。

超出本体的『多余』对于一个能辨明是非的人来说，岂不是搅乱五色、迷滥文彩、绣制出青黄相间的奢华服饰而吸引眼球吗？事实上离朱就是这样。超出本体的『多余』对于听觉明晰的人来说，岂不是搅乱五音、混淆六律，岂不是搅混了金、石、丝、竹、黄钟、大吕的各种音调吗？事实上师旷就是这样。超出本体的『多余』对于主张施仁政的人来说，难道不是矫擢道德、闭塞真性来捞取名声，掩盖真理、赚取功名从而天下的人们争相鼓噪信守不可能做到的礼法吗？而曾参和史鳅就是这样。超出本体的『多余』对于能言善辩的人来说，难道不是堆砌词藻，牵强附会，将心思投入于『坚白』诡辩的是非之中，而苦心经营，罗列赘言去追求一时的声誉吗？事实上杨朱和墨翟就是这样。由此看来这些都是多余的、矫造而成的不正之法，绝不是天下的至理和正道。

那些顺其自然的，不会违背事物的发展规律。因此，放在一起的不算骈联，生出旁枝的不算赘物；长的不算是附赘，短的不算缺陷。所以，野鸭的腿虽然短，接长就破坏了原有的协调；鹤的腿虽然长，裁短则就会造成悲剧。因此，原本长的，不用裁短；本来短的，不用续长。顺应事物的天性，任何事情都不必劳神费心。

噫！仁义恐怕不是人天生而来的真性情吧？那些主张实行仁政的人怎么会有那么多忧患意识呢？况且对于脚趾并生的人来说，分裂两脚趾他就会痛苦流涕；对于手指旁出的人来说，咬断歧指他也会撕心裂肺。综上所述两种情况，一种是多于正常的手指数，另一种是少于正常的脚趾数，而它们对于所产生的担忧却是完全相同的。如今世上的倡导仁义之士，不为己私，反观世间的忧患；那些为己不仁之士，抛弃自然的天性而奢求富贵。噫！仁义恐怕不是人所固有的真情吧？从夏、商、周三代以来，天下又怎么会有那么多追名逐利唯利是图之士呢？

且夫待钩绳规矩而正者，是削其性者也；待绳约胶漆而固者，是侵其德者也。屈折礼乐，呴俞仁义，以慰天下之心者，此失其常然[1]也。天下有常然。常然者，曲者不以钩，直者不以绳，圆者不以规，方者不以矩，附离不以胶漆，约束不以纆索。故天下诱然皆生而不知其所以生；同焉皆得而不知其所以得。故古今不二，不可亏也。则仁义又奚连连如胶漆纆索而游乎道德之间为哉，使天下惑也！

夫小惑易方，大惑易性。何以知其然邪？自虞氏招仁义以挠天下也，天下莫不奔命于仁义，是非以仁义易其性与？故尝试论之，自三代以下者，天下莫不以物易其性矣。小人则以身殉利；士则以身殉名；大夫则以身殉[2]家；圣人则以身殉天下。故此数子者，事业不同，名声异号，其于伤性以身为殉，一也。臧与谷[3]，二人相与牧羊而俱亡其羊。问臧奚事，则挟策读书；问谷奚事，则博塞以游。二人者，事业不同，其于亡羊均也。伯夷死名于首阳之下，盗跖死利于东陵之上。二人者，所死不同，其于残生伤性均也。奚必伯夷之是而盗跖之非乎！天下尽殉也：彼其所殉仁义也，则俗谓之君子；其所殉货财也，则俗谓之小人。其殉一也，则有君子焉，有小人焉；若其残生损性，则盗跖亦伯夷已，又恶取君子小人于其间哉！

且夫属其性乎仁义者，虽通如曾、史，非吾所谓臧[4]也；属其性乎五味，虽通如俞儿，非吾所谓臧也；属其性乎五声，虽通如师旷，非吾所谓聪也；属其性乎五色，虽通如离朱，非吾所谓明也。吾所谓臧者，非所谓仁义之谓也，臧于其德而已矣；吾所谓臧者，非所谓仁义之谓也，任其性命之情而已矣；吾所谓聪者，非谓其闻彼也，自闻而已矣；吾所谓明者，非谓其见彼也，自见而已矣。夫不自见而见彼，不自得而得彼者，是得人之得而不自得其得者也，适人之适而不自适其适者也。夫适人之适而不自适其适，虽盗跖与伯夷，是同为淫僻也。余愧乎道德，是以上不敢为仁义之操，而下不敢为淫僻之行也。

【注释】

①常然：指人的恒常不变的自然本性。

②殉：为某一目的而献身。

③臧与縠：家奴和童仆。

④臧：善，好的意思。

【译文】

利用曲尺、墨线、圆规、角尺等量具来端正事物的形态，这就损害了事物的本性；依靠绳索、胶漆而强制性地使事物合为一体，这就破坏了事物的自然形态；运用礼乐对人民强加以束缚与规定，运用仁义对人民强加以指引和教化，从而抚慰天下民心，这就使天下人丧失了为人的天然禀性。天下的事物都它们自己的存在状态。所说的自然状态，就是弯曲的不依靠曲尺来改变，垂直的不依靠墨线来调整，正圆的不利用圆规，端方的不依靠角尺，粘合在一起的东西不依靠胶和漆，捆束在一起的事物不依靠绳索。因此天下万物都按常态发展，人们却并不知道它们为什么会这样，它们拥有自己的本性却并不知道自己是怎样拥有的。所以古往今来道理都是一样的，不可能人为地改变真理呀，那么仁义又为什么毫无节制地像油漆、捆索那样人为地阻碍于天道和本性之间呢？这反而使天下人无从解释了！

小的迷惑会使人无法辨别方向，大的迷惑会使人失去自然禀性。如何确定这种情况的呢？自从虞舜高举仁义大旗来扰乱天下，天下人没有不为仁义费神劳形的，这不是用仁义让人们失去了自然天性吗？所以我试作论述，从夏、商、周三代以后，天下人没有由于外物而失去本性的。小人为谋求己私而舍弃生命，士人为谋求功名而舍弃生命，大夫为求维护和拓展领地而舍弃生命，圣人为求统领天下而舍弃生命。所以这几种人，他们从事的不同，名声称谓也有所区别，但是在伤害本性、为所求而舍弃生命这一点上，却是如出一辙的。奴隶和小孩子二人同去放羊，却都把羊丢失了。承问奴隶干什么去了，回答说拿着羊鞭在读书；问小孩子干什么去了，回答说在游戏下棋。这二人丢羊时，干的事情不一样，但在丢失羊这一点上的结果是相同的。伯夷为谋求名誉饿死在首阳山，盗跖为了谋求私利死在东陵山上。这二人死的原因不同，但在丧失生命、伤害本性这一点上却是毫无二致的。何必一定要赞扬伯夷而贬损盗跖呢！天下人都是在为追求而放弃性命，那些为求仁义而死的，世俗之人就高扬他们为正人君子；为求荣华富贵而死的，世俗之人就责骂他们是无耻小人。他们为所求而死是毫无差别，却有的成了君子，有的成了小人。从丧失生命、伤害本性来看，盗跖也反而成了伯夷了，又怎么从他们之间分辨所谓的正义君子与盗名小人呢！

况且，宣扬自己的本性在于仁义，即使如同曾参和史鳅那样精通世事，也不是我所认为的极致；标榜自己的本性在于甜、酸、苦、辣、咸五味，即使如同俞儿那样精通厨艺，也不是我所认为的极致；宣称把自己的本性归于五声，即使如同师旷那样精通韵律，也不是我所认为的天资聪颖；自认为自己的本性缀连于五色，即使如同离朱那样明晰色彩，也不是我所认为的明辨是非。我所说的极致，绝不是仁义之类的东西，而是比各得其所更美好罢了；我所说的完善，绝不是所谓的仁义，而是回归自然，保持自然禀赋罢了。我所说的聪敏，不是说能听到别人什么，而是指能够听清自己内心罢了。我所说的视觉敏锐，不是说能看见别人什么，而是指能够看清自身罢了。不能明白自己而只能看清别人，不能知足安乐而向别人苛求的人，这就是索求别人之所得而不能安于自己所应得的人，也就是羡慕达到别人所得到而不能安于自己所应达到的境界的人。贪图达到别人所达到而不安于自己所应达到的境界，无论盗跖与伯夷，都同样是荒淫、丧失正义的。我愧对于宇宙万物本体的认识和事物变化规律的理解，上不能奉行仁义，下不愿从事荒淫、丧失正义的行径。

【品读】

骈拇指并合的脚趾，跟旁出的歧指和附着的赘瘤一样，都是人体上多余的东西。什么才是事物所固有的呢？那就是合乎自然，顺应人情的东西。倡导听任自然，顺应人情的思想，就是本篇的中心。

全篇大体分为四个部分。第一部分至『非天下之至正也』，说明智慧、仁义和辩言犹如人体上的『骈拇』、『歧指』和『附赘疣』，都是不符合本然的多余的东西。第二部分至『使天下惑也』，着力批评仁义和礼乐，指出天下的至理正道，莫如『不失其性命之情』，即保持本然之真情，而『仁义』和『礼乐』却使『天下惑』。第三部分至『又恶取君子小人于其间哉』，进一步指出标榜仁义是乱天下的祸根，从为外物而殉身这一角度看，君子和小人都『残生损性』，因而是没有区别的。余下为第四部分，指出一切有为都不如不为，从而阐明了不为仁义也不为淫僻的社会观。

本篇和下篇《马蹄》可说是姊妹篇，也可把本篇看作《马蹄》的前篇，反映了庄子无为而治，返归自然的社会观和政治观，对儒家的仁义和礼乐作了直接的批判，对某些社会的进步也作了否定。文辞直陈，观点溢于言表。

马蹄

马，蹄可以践霜雪，毛可以御风寒，龁草饮水，翘足而陆，此马之真性也。虽有义台[1]路寝，无所用之。及至伯乐，曰：『我善治马。』烧之，剔之，刻之，雒之。连之以羁絷，编之以皂栈，马之死者十二三矣。饥之渴之，驰之骤之，整之齐之，前有橛饰之患，而后有鞭筴之威，而马之死者已过半矣。陶者曰：『我善治埴，圆者中规，方者中矩。』匠人曰：『我善治木，曲者中钩，直者中绳。』

夫埴木之性，岂欲中规矩钩绳哉？然且世世称之曰『伯乐善治马而陶匠善治埴木。』此亦治天下者之过也。

吾意善治天下者不然。彼民有常性，织而衣，耕而食，是谓同德。一而不党，命曰天放。故至德之世，其行填填[2]，其视颠颠。当是时也，山无蹊隧，泽无舟梁；万物群生，连属其乡；禽兽成群，草木遂长。是故禽兽可系羁而游，乌鹊之巢可攀援而窥。

夫至德之世，同与禽兽居，族与万物并，恶乎知君子小人哉！同乎无知，其德不离；同乎无欲，是谓素朴。素朴而民性得矣。及至圣人，蹩躠为仁，踶跂为义，而天下始疑矣。澶漫为乐，摘僻为礼，而天下始分矣。故纯朴不残，孰为牺尊！白玉不毁，孰为珪璋！道德不废，安取仁义！性情不离，安用礼乐！五色不乱，孰为文采！五声不乱，孰应六律！夫残朴以为器，工匠之罪也；毁道德以为仁义，圣人之过也。

夫马陆居则食草饮水，喜则交颈相靡，怒则分背相踶。马知已此矣。夫加之以衡扼，齐之以月题，而马知介倪、闉扼、鸷曼、诡衔[3]、窃辔。故马之知而态至盗者，伯乐之罪也。夫赫胥氏之时，民居不知所为，行不知所之，含哺而熙，鼓腹而游，民能以此矣。及至圣人，屈折礼乐以匡天下之形，县跂仁义以慰天下之心，而民乃始踶跂好知，争归于利，不可止也。此亦圣人之过也。

【注释】

①义台：高台。

②填填：稳重。

③诡衔：意思是诡谲地想吐出口里的橛衔。

【译文】

马，蹄可以踏雪践霜，毛可以防寒保暖，饿了吃草，渴了喝水，兴起时扬起蹄脚强劲高跳，这就是马的自然本性。即使有高台正殿，对马来说毫无作用。等到世上出了相马伯乐，说：『我善于照料马。』于是用烧红的铁器灼烤马毛，用剪刀修剔马鬃，凿削马蹄甲，烙制马蹄钉，用络头和绊绳来拴连它们，用马槽和马床来束缚它们，这样一来十匹马中将有两到三匹丧失性命。饿了不给草吃，渴了不给水喝，让它们快速驰骋，让它们极速狂奔，让它们步伐一致，让它们行动整齐，前有马口横木和马络装饰的束缚，后有皮鞭和竹条的控制，这样一来马就死过半数了。制陶工匠说：『我最善长整治黏土，我用黏土制成的器皿，圆的合乎圆规，方的可做角尺。』木匠说：『我最善于加工木材，我用木材制成的器皿，能使弯曲的达到钩弧的要求，笔直的跟墨线吻合。』

黏土和木材的本性难道就是天生用来相合于圆规、角尺、钩弧、墨线吗？在这种情形下，人们还世世代代地称赞他们说，『伯乐善于管理马』而『陶匠善于加工黏土，木匠善于加工木材』，这也就是统领天下人的迷糊之处啊！

依我所见，善于统领天下的人并不这样。民众自有他们与生俱来、长久不变的自然天性，他们通过纺织而着衣，利用耕种来填饱肚子，这就叫长久不变的道德生活。人与万物天然合一而谋求一己私利，就叫作顺其自然放任自乐的生活。因此在至德之世，人们走路沉稳又大方，目不斜视不思虑。在那个时代，山上不需要开山辟路，湖泊河流上也不需要船只和桥梁。人和禽兽之间和谐生活，住的地方相互连接，没有分界，禽兽成群结队，草木恣意滋长，所以，人们过着安然惬意的浪漫生活，可以手牵着禽兽漫游，也可以爬到树上偷看鸟鹊的巢穴。

在原始社会，人们与禽兽鸟鹊住在一起，人群与天地万物天然合一，哪里知道君子和小人不同之处呢！人和无知之物一样，他们的本性就不会丧失；人同无欲之物一样，那就是他们的天然朴实；天然朴实的本性不变也就是保持了人的本性。等到圣人们出现的时期，人们开始苦心竭力地倡导仁政，寝食难安地追求义，天下人也就从此开始出现种种的猜疑。于是人们沉溺于选取分析琐碎的礼仪条文，天下从此开始区分为尊卑贵贱和远近亲疏。自此，如果天然的木料不剖开，谁能做成祭祀之用的酒杯！白玉如果不被破坏，谁能做成珪璋之类的玉器！大道如果不被废弃，哪里谈得上义！人的自然本性不迷失，哪里需要什么礼乐制度！五种色彩如果无法区分，谁能制造出图案花纹！五种声调如果不人为安排，谁能区分相应于六律的乐曲。剖开原木做成各种器皿，这是木工的过失，毁弃人的自然本性以推行所谓仁义，这就是圣人的过错！

再谈马，生活在陆地上，吃草饮水为生，开心时颈交颈相互摩擦，愤怒时背对背相互踢撞，马的智慧就只是这样了。等到后来把车衡和颈轭安在它身上，把配着月牙形佩饰的辔头戴在它头上，那么马就会斜目而怒视，僵着脖子抗拒轭木，凶猛不驯，或生气地吐出嘴里的勒口，或偷偷地甩掉头上的马辔。所以，马的智巧竟能做出与人对抗的态度，这完全是伯乐的过失。上古赫胥氏的时期，黎民百姓生活不知道做些什么，走动也不知道该到什么地方，口里含着食物打闹，鼓着吃饱的肚子游乐，人们所能做的就仅限于此。等到圣人出现，矫造礼乐来改变天下百姓的形象，标榜不可企及的仁义来安慰天下百姓的心，于是人们便开始千方百计地去投机取巧，争先恐后地去追名逐利，而不能终止。这也是圣人的罪过啊！

【品读】

本篇表现了庄子反对束缚和羁绊，提倡一切返归自然的政治主张。

全文可分成三个部分。第一部分至『此亦治天下者之过也』，以『伯乐善治马』和『陶、匠善治埴、木』为例，寄喻一切从政者治理天下的规矩和办法，都直接残害了事物的自然和本性。第二部分至『圣人之过也』，对比上古时代一切都具有共同的本性，一切都生成于自然，谴责后世推行所谓仁、义、礼、乐，摧残了人的本性和事物的真情，并直接指出这就是『圣人之过』。余下为第三部分，继续以马为例，

进一步说明一切羁绊都是对自然本性的摧残，圣人推行的所谓仁义，只能是鼓励人们『争归于利』。

在庄子的眼里，当世社会的纷争动乱都源于所谓圣人的『治』，因而他主张摒弃仁义和礼乐，取消一切束缚和羁绊，让社会和事物都回到它的自然和本性上去。文章对于仁义、礼乐的虚伪性、蒙蔽性的揭露是深刻的。

胠箧

将为胠①箧、探囊、发匮之盗而为守备，则必摄缄縢、固扃鐍，此世俗之所谓知也。然而巨盗至，则负匮、揭箧、担囊而趋，唯恐缄縢、扃鐍之不固也。然则乡之所谓知者，不乃为大盗积者也？故尝试论之：世俗之所谓知者，有不为大盗积者乎？所谓至圣者，有不为大盗守者乎？

何以知其然邪？昔者齐国，邻邑相望，鸡犬之音相闻，罔罟之所布，耒耨之所刺，方二千余里。阖四竟之内，所以立宗庙社稷，治邑屋州闾乡曲者，曷尝不法圣人哉？然而田成子一旦杀齐君而盗其国，所盗者岂独其国邪？并与其圣知之法而盗之。故田成子有乎盗贼之名，而身处尧舜之安。小国不敢非，大国不敢诛，十二世有齐国，则是不乃窃齐国并与其圣知之法以守其盗贼之身乎？尝试论之世俗之所谓至知者，有不为大盗积者乎？所谓至圣者，有不为大盗守者乎？

何以知其然邪？昔者龙逢斩，比干剖，苌弘胣，子胥靡。故四子之贤而身不免乎戮。故跖之徒问于跖曰：『盗亦有道乎？』跖曰：『何适而无有道邪？』夫妄意室中之藏，圣也；入先，勇也；出后，义也；知可否，知也；分均，仁也。五者不备而能成大盗者，天下未之有也。』由是观之，善人不得圣人之道不立，跖不得圣人之道不行；天下之善人少而不善人多，则圣人之利天下也少而害天下也多。故曰：唇竭则齿寒，鲁酒薄而邯郸围，圣人生而大盗起。掊击圣人，纵舍盗贼，而天下治矣！

夫川竭而谷虚，丘夷而渊实。圣人已死，则大盗不起，天下平而无故矣。圣人不死，大盗不止。虽重圣人而治天下，则是重利盗跖也。为之斗斛以量之，则并与斗斛而窃之；为之权衡以称之，则并与权衡而窃之；为之符玺以信之，则并与符玺而窃之；为之仁义以矫之，则并与仁义而窃之。何以知其然邪？彼窃钩者诛，窃国者为诸侯，诸侯之门而仁义存焉，则是非窃仁义圣知邪？故逐于大盗、揭诸侯、窃仁义并斗斛权衡符玺之利者，虽有轩冕之赏弗能劝，斧钺之威弗能禁。此重利盗跖而使不可禁者，是乃圣人之过也。故曰：『鱼不可脱于渊，国之利器不可以示人。』彼圣人者，天下之利器也，非所以明天下也。

故绝圣弃知，大盗乃止；擿玉毁珠，小盗不起；焚符破玺，而民朴鄙；剖斗折衡，而民不争；殚残天下之圣法，而民始可与论议；擢乱六律，铄绝竽瑟，塞师旷之耳，而天下始人含其聪矣；灭文章，散五采，胶离朱之目，而天下始人含其明矣。毁绝钩绳而弃规矩，攦[2]工倕之指，而天下始人有其巧矣。故曰：大巧若拙。削曾、史之行，钳杨、墨之口，攘弃仁义，而天下之德始玄同矣。彼人含其明，则天下不铄矣；人含其聪，则天下不累矣；人含其知，则天下不惑矣；人含其德，则天下不僻矣。彼曾、史、杨、墨、师旷、工倕、离朱者，皆外立[3]其德而爚乱天下者也，法之所无用也。

子独不知至德之世乎？昔者容成氏、大庭氏、伯皇氏、中央氏、栗陆氏、骊畜氏、轩辕氏、赫胥氏、尊卢氏、祝融氏、伏羲氏、神农氏，当是时也，民结绳而用之。甘其食，美其服，乐其俗，安其居，邻国相望，鸡狗之音相闻，民至老死而不相往来。若此之时，则至治已。今遂至使民延颈举踵，曰：『某所有贤者』，赢粮而趣之，则内弃其亲而外去其主之事，足迹接乎诸侯之境，车轨结乎千里之外，则是上好知之过也。上诚好知而无道，则天下大乱矣！

何以知其然邪？夫弓、弩、毕、弋，机变之知多，则鸟乱于上矣；钩饵、罔罟、罾笱之知多，则鱼乱于水矣；削格、罗落、罝罘之知多，则兽乱于泽矣；知诈渐毒、颉滑坚白、解垢同异之变多，则俗惑于辩矣。故天下每每大乱，罪在于好知。故天下皆知求其所不知而莫知求其所已知者，皆知非其所不善，而莫知非其所已善者，是以大乱。故上悖日月之明，下烁山川之精，中堕四时之施，惴耎之虫，肖翘之物，莫不失其性。甚矣，夫好知之乱天下也！自三代以下者是已！舍夫种种之机而悦夫役役之佞，释夫恬淡无为而悦夫啍啍之意，啍啍已乱天下矣！

【注释】

①胠：从旁打开。

②攦：折断。

③外立：在外表上树立，即对人炫耀之意。

④罝罘：捕兽的网。

【译文】

为了应对撬箱子、掏口袋、开柜子的小偷而做防盗措施，必定要收紧绳结、加固插闩和锁钥，这就是常人所说的明智作法。可是一旦大强盗出现了，就背着柜子、扛着箱子、挑着口袋快步逃走了，唯恐绳结、插闩与锁钥不够牢固呢。如果事实是这样，那么先前所谓的聪明作法，不就是给大强盗做好了积累和准备吗？

因此我曾试图讨论这种情形，世俗所谓的聪明人，有不替大盗积集财物的吗？所谓的圣人，有不替大盗保护财物的吗？

怎么知道是这种情况的呢？当年的齐国，邻近的村庄遥遥相对，鸡狗之声相互间可以听得见，鱼网所撒布的水面，犁锄所耕作的土地，纵横两千多里。整个国境之内，所有用来建造宗庙、社稷的地方，所有用来建置邑、屋、州、闾、乡、里各级行政机构的地方，何尝不是在仿效古代圣人的作法！然而田成子一下子杀了齐国的国君占领了整个齐国。他所占领盘踞的难道又仅仅只是那样一个齐国吗？连同那里各种圣明的法规与制度也一块掠夺去了。而田成子虽然有盗贼的称号却仍处于尧舜那样稳固的地位，小的国家不敢议论他，大的国家不敢征讨他，世世代代占领齐国。那么，这不就是将齐国及那里圣明的法规和制度一并盗窃了，从而用来保护他盗贼之身吗？所以我曾试图讨论这种情况，世俗的所谓明智，有不替大盗积聚财物的吗？所谓的圣人，有不替大盗保护财物的吗？

怎么知道是这种情况的呢？从前龙逢被砍头，比干被剖心，苌弘被掏肚，子胥被抛尸江中任其腐烂。纵然像上面四个人那样的贤明人士，仍不能免于残害。因而大盗的门徒向大盗问道：『做强盗也有规定和纪律吗？』盗跖回答说：『到什么地方会没有规定和纪律呢？凭空推测屋里储藏着什么财物，这就是聪明；率先进到屋里，这就是勇气；最后退出屋子，这就是仗义；能知道可否采取行动，这就是谋略；事后分配公平，这就是公平慈爱。以上五样不能具备，却能成为大盗的人，天下是不存在的。』从这一点来看，善人不能精通圣人之道便不能立业，盗跖不能精通圣人之道便不能行窃；天下的仁慈少，而不仁的人多，那么圣人给天下带来益处也就少，而给天下带来灾难也就多。所以说：嘴唇向外翻开牙齿就会外露感到寒冷，鲁侯奉献的酒味道淡薄致使赵国都城邯郸遭到围困，圣人出现了因而大盗也就兴起了。批判，正确评价，天下才能实现大治。

溪水干枯山谷显得尤其空旷，山丘夷平深潭显得分外充实。圣人消失了，那么大盗也就不会再出现，天下就平安无事而没有变故了。圣人不死，大盗也就不会中断停止。即使让整个社会都重用圣人管理天下，那么这也是让盗跖获得最大的益处。给天下人制定斗、斛来计算物品的多少，那么就连同斗、斛一道偷走了；给天下人制定秤锤、秤杆来称量物品的轻重，那么就连同秤锤、秤杆一道盗窃走了；给天下人制定符、玺来取信于人，那么就连同符、玺一道盗窃走了；给天下人制定仁义来规范人们的道德和品行，那么就连同仁义一道被偷走了。怎么发现是这样的呢？那些偷窃腰带环钩之类小东西的人受到残害和杀戮，而窃夺了整个国家的人却成为诸侯；诸侯之门方才存在仁义。这不就是盗窃了仁义和圣智吗？因此，那些追随大盗、高居诸侯之位、窃取了仁义以及斗斛、秤具、符玺之利的人，即使有高官厚禄的赏赐不可能劝阻，即使有行刑杀戮的威严不可能阻止。这些有利于盗跖而不能使他们禁止的情况，都是圣人的罪过。因此说，鱼儿不能离开深潭，治国的利器不能轻易拿给人看。那些所谓的圣人，就是治理天下的利器，是不可以用来昭示天下的。

因此，断绝圣人抛弃智慧，大盗就能中止；丢弃玉器毁坏珠宝，小的盗贼就会消失；焚烧符记破毁玺印，百姓就会淳朴憨厚；打破斗斛折断秤杆，百姓就没有纷争；尽毁天下的圣人之法，百姓才有机会谈论是非和曲直。搅乱六律，毁折各种乐器，并且堵住师旷的耳朵，天下人方能保护他们原本的听觉；除去纹饰，离散五彩，粘住离朱的眼睛，天下人才能保全他们原本的视觉；破坏钩弧和墨线，丢弃圆规和角尺，弄断工倕的手指，天下人才能保有他们原本的智慧。因此说：『真正灵巧的人表面上看起来很笨拙。』削除曾参、史鰌的忠孝，钳住杨朱、墨翟善辩的嘴巴，摒弃仁义，天下人的德行方能整齐划一。人人都保有原本的视觉，那么天下就不会出现毁坏；天下人都保有原本的听觉，那么天下就不会出现担忧；人人都保有原本的智慧，那么天下就不会出现困惑；人人都保有原本的天性，那么天下就不会出现邪恶。那曾参、史鰌、杨朱、墨翟、师旷、工倕和离朱，都外露并炫耀自己的品行，而且用来迷惑天下之人，这就是圣治之法没有用处的原因。

你单单不知道那原始的时代吗？在容成氏、大庭氏、伯皇氏、中央氏、栗陆氏、骊畜氏、轩辕氏、赫胥氏、尊卢氏、祝融氏、伏羲氏、神农氏那个时期，人民靠结绳的方法记事，把普通的饭菜认作美食，把朴素的衣衫认作华美衣服，把朴实的风俗认作欢乐，把简陋的住处认作安适，邻近的国家相互观望，鸡鸣狗叫的声音相互听闻，但百姓直至老死也互不往来。像这样的时代，就可说是真正的太平盛世。可是当今竟然使百姓伸长脖子踮起脚跟说，『某个地方出了圣人』，于是带着干粮匆忙而去，家里抛弃了双亲，外边离开了主上的工作，足迹交接于诸侯的国境，车轮印迹往来交错于千里之外，而这就是统治者追求圣智的罪过。统治者一心追求圣智而不遵从大道，那么天下必定出现大混乱啊！

怎么知道这种情况的呢？弓弩、鸟网、弋箭、机关之类的智巧多了，鸟儿就只会在空中乱飞；钩饵、渔网、鱼笼之类的智巧多了，鱼儿就只会在水里瞎游；木栅、兽栏、兽网之类的智巧多了，野兽就只会在草地里狂奔；虚伪奸诈、奸黠狡猾、言词诡曲、坚白之辩、同异之谈等变多了，世俗的人就只会被诡辩所迷惑。因此天下昏昏大乱，罪过就在于喜好智巧。所以天下人都知道的，却不知道发现他所已经知道的；都知道非难他所认为不好的，却不知道否定他所已经赞同的，因此天下大乱。所以大而言之遮掩了日月的光辉，小而言之消解了山川的精华，还一步讲损毁了四时的交替，就连附生地上蠕动的小虫、飞在空中的蛾蝶，没有不失去其本性的。追求智巧扰乱天下，竟然达到如此地步！自夏、商、周三代以来的情况就是这样啊，抛弃那众多淳朴的百姓，而喜好那钻营狡诈的奸黠小人；搁浅那恬淡无为的自然风尚，喜好那永无休止的说教。永无休止的说教已经迷惑了天下啊！

【品读】

『胠箧』的意思是打开箱子。本篇的主旨跟《马蹄》篇相同，但比《马蹄》更深刻，言辞也更直接，一方面竭力抨击所谓圣人的『仁义』，一方面倡导抛弃一切文化和智慧，使社会回到原始状态中去。宣扬『绝圣弃知』的思想和返归原始的政治主张，就是本篇的中心。

全篇大体分成三个部分。第一部分至『而天下始治矣』，从讨论各种防盗的手段最终都会被盗贼所利用入手，指出当时治天下的主张和办法，都是统治者、阴谋家的工具，着力批判了『仁义』和『礼法』。第二部分至『法之所无用也』，进一步提出摒弃一切社会文化的观点，使『绝圣』的主张和『弃知』的思想联系在一起。余下为第三部分，通过对比『至德之世』与『三代以下』的治乱，表达缅怀原始社会的政治主张。

本篇深刻揭露了仁义的虚伪和社会的黑暗，一针见血地指出『窃钩者诛，窃国者为诸侯』，但看不到社会的出路，于是提出『绝圣弃知』的主张，要摒弃社会文明与进步，倒退到人类的原始状态。这是庄子社会观和政治观的消极面。

在宥

闻在[1]宥天下，不闻治天下也。在之也者，恐天下之淫其性也；宥之也者，恐天下之迁其德也。天下不淫其性，不迁其德，有治天下者哉？昔尧之治天下也，使天下欣欣焉人乐其性，是不恬也；桀之治天下也，使天下瘁瘁焉人苦其性，是不愉也。夫不恬不愉，非德也。非德也而可长久者，天下无之。

人大喜邪，毗于阳；大怒邪，毗于阴。阴阳并毗，四时不至，寒暑之和不成，其反伤人之形乎！使人喜怒失位，居处无常，思虑不自得，中道不成章。于是乎天下始乔诘卓鸷，而后有盗跖、曾、史之行。故举天下以赏其善者不足，举天下以罚其恶者不给。故天下之大不足以赏罚。自三代以下者，匈匈焉终以赏罚为事，彼何暇安其性命之情哉！

而且说明邪，是淫于色也；说聪邪，是淫于声也；说仁邪，是乱于德也；说义邪，是悖于理也；说礼邪，是相于技也；说乐邪，是相于淫也；说圣邪，是相与艺也；说知邪，是相于疵也。天下将安其性命之情，之八者，存可也，亡可也；天下将不安其性命之情，之八者，乃始脔卷狖囊而乱天下也。而天下乃始尊之惜之。甚矣，天下之惑也！岂直过也而去之邪！乃齐戒以言之，跪坐以进之，鼓歌以儛之，吾若是何哉！

故君子不得已而临莅天下，莫若无为。无为也，而后安其性命之情。故贵以身于为天下，则可以托天下；爱以身于为天下，则可以寄天下。故君子苟能无解其五藏，无擢其聪明，尸居而龙见，渊默[2]而雷声，神动而天随，从容无为而万物炊累焉。吾又何暇治天下哉！

【注释】

①在：自在。

②渊默：意思是像深渊那么默默深沉。

【译文】

只听说过任天下顺其自然地发展，没有听说过要对天下进行治理。听任天下自然地发展，是因为担忧人们超越了原本的属性；社会和谐各得其所，是因为担忧人们改变了自然的状态。如果天下人不超越天赋的本性，不改变自然的状态，哪里用得着治理天下呢！从前尧治理天下的时候，天下人欣喜若狂，忘乎所以丢掉了真性，这就导致了不安宁；当年夏桀治理天下，使天下人忧心忡忡，人人都在痛苦中丢掉了真性，这就不欢快了。不安宁与不欢快，都不是人们生活和处世的常态。不符合自然的常态而长久存在，天下是没有这种事的。

人如果过度高兴，一定会损伤阳气；人若是过度愤怒，一定会损伤阴气。阴与阳相互侵害，四时就不会按序到来，寒暑也就不会调和产生，这必然会伤害人的身体！如果使人喜怒失常，居无定所，考虑问题陷入歧途，办什么事都半途而废毫无章法，天下就会开始出现种种不平之事，而后便产生盗跖、曾参、史鳅等各种不同的行为和作法。这样一来，就算耗尽天下所有力量来奖励人们行善也嫌不够，竭尽天下所有力量来惩戒劣迹也嫌不足，因此天下虽大却不足以惩恶扬善。自夏、商、周三代以来，治世者始终惮精竭虑地把赏善罚恶作为当务之急，他们又哪里有心思去恢复人的自然本性和真情呢！

况且，喜好观察就容易沉溺于美色；喜好听音就容易沉溺于声乐；喜好慈悲就容易违背人的自然常态；喜好道义就容易违反世事的常理；喜好礼仪就会助长人们修习技术的风气；喜好音乐就会导致淫乐的泛滥；喜好智慧就会助长人们学习艺术；喜好技巧就助长了琐细之差的争辩。天下人想要保持自然赋予的真情和本性，这八种作法，保留可以，丢弃也可以；天下人不想保持自然赋予的真情和本性，这八种作法，就会成为拳曲不伸、扰攘纷争的因素而惑乱天下了。可是，天下人反而喜好它们，珍惜它们，天下人为其所迷惑竟如此之深！为什么明明知道错了还不摒弃它呢？人们还兴致勃勃地谈论它，恭敬地传颂它，欢快地唱歌、跳舞颂扬它，对此我又有什么办法呢！

所以，如果君子被迫登上统治天下的地位，那就不如一切顺其自然。顺其自然才能使天下人保持人类固有的本性与真情。所以说，如果遇到把身体看得比天下更珍贵的人，便可以把天下交给他；如果发现把调理身体看得比统驭天下之事更重要的人，便可以把天下托付给他。因此，君子如果能不显露心中的灵气，不炫耀自己的才华和智巧，那就会屹立不倒而境界升华，默默沉淀而感人至深，精神活动合乎情理，从容自如顺应自然而万事万物都像炊烟游尘那样随心所欲。如果那样，我又哪里还有工夫去治理天下啊！

崔瞿问于老聃曰：『不治天下，安藏人心？』

老聃曰：『女慎勿撄①人心，人心排下而进上，上下囚杀，淖约柔乎刚强。廉刿雕琢，其热焦火，其寒凝冰，其疾俯仰之间而再抚四海之外。其居也，渊而静；其动也，县而天。偾骄而不可系者，其唯人心乎！』

『昔者黄帝始以仁义撄人之心，尧、舜于是乎股无胈，胫无毛，以养天下之形。愁其五藏以为仁义，矜其血气以规法度。然犹有不胜也。尧于是乎放讙兜于崇山，投三苗于三峗，流共工于幽都，此不胜天下也。夫施及三王而天下大骇矣。下有桀、跖，上有曾、史，而儒墨毕起。于是乎喜怒相疑，愚知相欺，善否相非，诞信相讥，而天下衰矣；大德不同，而性命烂漫矣；天下好知，而百姓求竭矣。于是乎斤锯制焉，绳墨杀焉，椎凿决焉。天下脊脊②大乱，罪在撄人心。故贤者伏处大山嵁岩之下，而万乘之君忧慄乎庙堂之上。』

『今世殊死者相枕也，桁杨者相推也，刑戮者相望也，而儒墨乃始离跂攘臂乎桎梏之间。噫，甚矣哉！其无愧而不知耻也甚矣！吾未知圣知之不为桁杨椄槢也，仁义之不为桎梏凿枘也，焉知曾、史之不为桀、跖嚆矢也！故曰：绝圣弃知，而天下大治。』

【注释】

①撄：扰乱。

②脊脊：相互践踏、欺凌。

【译文】

崔瞿问老聃：『不治理天下，该怎样使人心向善呢？』

老聃说：『你要小心不可扰乱了人心。人们遭到冷落、压制时情绪就低落，受到抬举、器重时情绪就高涨，人心因外界力量而时上时下就会憔悴不堪，人们在遭到排斥时往往表现出柔弱之态以求强势之人的怜悯，这种人平日的所谓坚贞气节至此已全部烟消云散，此时内心焦急若火，又战栗如寒冰，这种变化迅疾如同片刻之间超越四海之外。人心动静不同，其静如深渊，其动如苍天。亢奋骄矜而不可禁制，这就是人心啊！』

『从前黄帝开始用仁义来迷惑人心，于是尧、舜大腿瘦得只剩筋骨，小腿磨得没有毛，如此奔波劳苦只为供养天下人的身体，他们愁苦心志来推行仁义，约束情感来建立法度。然而仍然不能治理好天下，尧于是把谨兜驱逐到崇山，把三苗流放到三峗，将共工发配到幽都，这就是不能制服天下的证据。持续到夏、商、周三代，天下人受到了更大的痛苦。不好的有夏桀和盗跖一类的暴君大盗，高贵的有曾参和史鳅一类的仁义之君，而且儒家和墨家也都兴起了。于是快乐之人与不幸之人互相猜疑，愚钝的人与智慧的人互相欺骗，行善之人与做恶之人互相非议，虚伪之人与信实之人互相讥讽，而天下便日益衰落了；人们的天赋德性各不相同，那性情中的自然之情便丧失了；天下人都喜欢智慧，百姓也耗神于智慧而丧尽自然本性了。于是用斧锯一类的刑具震慑百姓，用礼法制约百姓，用肉刑判决百姓。天下因人们互相践踏而大乱，其罪过就在于惑乱了人心。所以贤明之人隐居在大山深岩之中，而万乘之君忧愁恐惧于朝堂之上。『当今世上被砍头的人尸体堆积如山，戴上枷锁的人接连不断，受刑戮的人遍地皆是，而儒墨之徒却妄想止乱，高谈阔论于枷锁之间。唉，太过分了！他们不觉惭愧又不知羞耻到极点了！我尚且不知道智慧是否能当成枷锁上的横木，仁义是否能做为镣铐上的卯眼榫头，又怎么能知道曾参、史鳅是否就是夏桀、盗跖出现的先兆呢！所以说：抛弃聪明智巧，天下才能大治。』

黄帝立为天子十九年，令行天下，闻广成子在于空同之上，故往见之，曰：『吾闻子达于至道，敢问至道之精。吾欲取天地之精，以佐五谷，以养民人。吾又欲官阴阳以遂群生。为之奈何？』广成子曰：『而所欲问者，物之质也；而所欲官者，物之残也。自而治天下，云气不待族而雨，草木不待黄而落，日月之光益以荒矣，而佞人之心翦翦者，又奚足以语至道！』

黄帝退，捐天下，筑特室，席白茅，闲居三月，复往邀之。

广成子南首而卧，黄帝顺下风，膝行而进，再拜稽首而问曰：『吾闻夫子达于至道，敢问，治身奈何而可以长久？』

广成子蹶然而起，曰：『善哉问乎！来，吾语女至道。至道之精，窈窈冥冥；至道之极，昏昏默默。无视无听，抱神①以静，形将自正。必静必清，无劳女形，无摇女精，乃可以长生。目无所见，耳无所闻，心无所知，女神将守形，形乃长生。慎女内，闭女外，多知为败。我为女遂于大明之上矣，至彼至阳之原也。为女入于窈冥之门矣，至彼至阴之原也。天地有官，阴阳有藏。慎守女身，物将自壮。我守其一以处其和，故我修身千二百岁矣，吾形未尝衰。』

黄帝再拜稽首曰：『广成子之谓天矣！』

广成子曰：『来！余语女。彼其物无穷，而人皆以为有终；彼其物无测，而人皆以为有极。得吾道者，上为皇而下为王；失吾道者，上见光而下为土。今夫百昌皆生于土而反于土。故余将去女，入无穷之门，以游无极之野。吾与日月参光，吾与天地为常。当我缗乎，远我②昏乎！人其尽死，而我独存乎！』

【注释】

①抱神：持守精神。

②远我：背着我而去。

【译文】

黄帝做为天子已有十九年，诏令通行天下，黄帝听说广成子居住在崆峒山上，特意前往拜见，他对广成子说：『我听闻先生已经精通至道，冒昧地请教至道的精华。我非常想得到天地的灵气，用来促进五谷生长，用来滋养百姓。我又希望能控制阴阳，从而使众多生灵顺其自然地成长，对此我将怎么办？』

广成子回答道：『你所想知晓的，是万事万物的根本；你所想控制的，是万事万物的残留。自从你治理天下以来，天上的云气不等到聚集就下起雨来，地上的草木不等到枯黄就零落，太阳和月亮的光亮也渐渐地阴暗下来。然而奸邪小人的心地是那么狭隘和恶劣险恶，又怎么能谈论大道！』

黄帝听了这一番话便退了回来，搁置朝政，筑起静心、凝智的静室，铺着洁白的茅草，谢绝交往独自生活三月，再次前往崆峒山求教。

广成子头朝南地躺着，黄帝则顺着下方，双膝着地匍匐向前，行了大礼后问道：『听说先生已经精通至道，冒昧地请教，如何修身才能活得长久？』

广成子急忙地挺身而起，说：『问得好啊！来，我告诉给你至道。至道的精髓，深远缥缈；至道的至极，晦暗沉寂。什么也不看什么也不听，持守心思，摒弃思虑，形体自然顺应正道。一定要保持寂静和清心清静，不要使身形劳累辛苦，不要使精神飘忽不定，这样就可以长生。眼睛什么也没看见，耳朵什么也没听到，内心什么也不明白，这样你的精神定能保护你的形体，形体也就长生。小心谨慎地摒除一切杂念，封闭起对外的一切感官，智巧太盛定然招致失败。我帮助你身临最光明的境地，直达那阳气的本原。我帮助你进入到深远缥缈的大门，直达那阴气的本原。天和地都各有主持，阴和阳都各有府藏，小心地守护你的身形，万物将会自然地成长。我持守着浑一的大道而又处于阴阳二气调谐的境界，因此我至今已经修身一千二百年，因而我的身体还从不曾衰老。』

黄帝再次行了大礼叩头至地说：『先生真可说是跟自然混而为一了！』

广成子又说道：『来，我告诉你。宇宙间的事物是没有尽头的，然而人们却认为有个尽头；宇宙间的事物是不可能预知的，然而人们却认为有个极限。明白了我所说的大道之人，在上可以成为帝王之尊，在下可以成为王侯将相；不能明白我所说的大道之人，在上只能见到日月的光辉，在下只能化为土块。如今万物都生于土地又返归土地，所以我将离你而去，进入那没有穷尽的大门，从而遨游于没有极限的原野。我将与日月同光，我将与天地共存。向着我而来，我视而不见！背着我而去，我毫不在意！人们恐怕都要死去，而我将独自留存于世。』

云将[1]东游，过扶摇之枝而适遭鸿蒙。鸿蒙方将拊脾雀跃而游。云将见之，倘然止，贽然立，曰：『叟何人邪？叟何为此？』鸿蒙拊脾雀跃不辍，对云将曰：『游！』云将曰：『朕愿有问也。』鸿蒙仰而视云将曰：『吁！』云将曰：『天气不和，地气郁结，六气不调，四时不节。今我愿合六气之精以育群生，为之奈何？』鸿蒙拊脾雀跃掉头曰：『吾弗知！吾弗知！』云将不得问。

又三年，东游，过有宋之野而适遭鸿蒙。云将大喜，行趋而进曰：『天忘朕邪？天忘朕邪？』再拜稽首，愿闻于鸿蒙。鸿蒙曰：『浮游，不知所求；猖狂②，不知所往，游者鞅掌，以观无妄。朕又何知？』云将曰：『朕也自以为猖狂，而民随乎所往；朕也不得已于民，今则民之放也。愿闻一言。』

鸿蒙曰：『乱天之经，逆物之情，玄天弗成，解兽之群而鸟皆夜鸣，灾及草木，祸及昆虫。意！治人之过也！』云将曰：『然则吾奈何？』鸿蒙曰：『意，毒哉！仙仙乎归矣。』云将曰：『吾遇天难，愿闻一言。』

鸿蒙曰：『意！心养。汝徒处无为，而物自化。堕尔形体，吐尔聪明，伦与物忘，大同乎涬溟；解心释神，莫然无魂。万物云云，各复其根，各复其根而不知。浑浑沌沌，终身不离。若彼知之，乃是离之。无问其名，无窥其情，物固自生。』

云将曰：『天降朕以德，示朕以默。躬身求之，乃今也得。』再拜稽首，起辞而行。

【注释】

①云将：云之主帅，犹云神。

②猖狂：形容元气任性无心而动。

【译文】

云将到东方游玩的时候，在扶摇神木旁偶然遇上了鸿蒙。鸿蒙正拍着大腿像鸟雀一样跳跃。云将见鸿蒙那般模样，好奇地停下来，纹丝不动地站着，问：『老先生是做什么的呀！老先生为什么做这般举动呀？』鸿蒙没有停，依然拍着大腿蹦跳着对云将说：『玩！』云将说：『我想向你求教。』鸿蒙抬起头来看了看云将说：『哎！』云将说：『天上之气混沌，地上之气郁结，阴、阳、风、雨、晦、明六气不和谐，四时变化不合时令。如今我希望调合六气之精华来哺育众生灵，我该怎么办呀？』鸿蒙拍着大腿转过头去，说：『我不知道！我不知道！』云将没收到回答。

过了三年，云将再次到东方游玩，经过宋国原野的时候碰巧又遇到了鸿蒙。云将很喜悦，快步走到近前说：『老先生还记得我吗？』说着叩头行了大礼，希望得到鸿蒙的指点。鸿蒙说：『逍遥自在地游玩，不知道有什么追求；漫不经心地随意走动，不知道要去往哪里。游心于纷纭的现象中寻找万物的真相。我又能懂得什么！』云将说：『我自以为是随意无心地游走，然而民众在效仿我；我是被迫才和民众在一起，如今却为民众所追随。我希望听到您的指教。』

鸿蒙说：『扰乱自然的规律，违背事物的本相，玄妙莫测的天也不会使你有所成。野兽受惊四散奔逃，飞翔的鸟儿半夜不安地哀鸣，灾难波及草木，祸患殃及昆虫。唉，这都是一心想治理天下的人的失误呀！』

云将问：『那么我该怎么办？』鸿蒙说：『唉，你受世俗的毒害实在太深啦！你还是回去吧。』云将说：『我遇见你实在不容易，真诚地希望能听到你的教导。』

鸿蒙说：『唉！修养你的心以保住自己的本性吧。你只要将心置于无为之境，万物就会自然发展。忘却你的形体，丢弃你的智慧，物我两忘，与自然之气保持统一，排除思虑释放精神，像枯木死灰一样浑然天成。万物纷繁复杂，全都各自回归本性，各自回归本性却是出于无心。看似混混沌沌，却是终身不会背违；如果执着追求，就是背离自然。不要询问它们的名称，也不要窥测它们的真相，万物本是自然生化的。』

云将说：『你把对待外物和认识自我的要领传授给我了，把清心静气的方法晓谕也给我了。我亲身探求大道，如今才算有所领悟。』云将再次叩头行了大礼，起身告辞而去。

世俗之人，皆喜人之同乎己而恶人之异乎己也。同于己而欲之，异于己而不欲者，以出乎众为心①也。夫以出乎众为心者，曷常出乎众哉！因众以宁所闻，不如众技众矣。而欲为人之国者，此揽乎三王之利而不见其患者也。此以人之国侥倖也，几何侥倖而不丧人之国乎？其存人之国也，无万分之一；而丧人之国也，一不成而万有馀丧矣。悲夫，有土者之不知也！夫有土者，有大物也。有大物者，不可以物；物而不物，故能物物。明乎物物者之非物也，岂独治天下百姓而已哉！出入六合，游乎九州，独往独来，是谓独有。独有之人，是之谓至贵。

大人之教，若形之于影，声之于响。有问而应之，尽其所怀，为天下配。处乎无响，行乎无方。挈汝适复之挠挠，以游无端；出入无旁，与日无始。颂论形躯，合乎大同。大同而无己。无己，恶乎得有有②。睹有者，昔之君子，睹无者，天地之友。

贱而不可不任③者，物也；卑而不可不因者，民也；匿而不可不为者，事也；粗而不可不陈者，法也；远而不可不居者，义也；亲而不可不广者，仁也；节而不可不积者，礼也；中而不可不高者，德也；一而不可不易者，道也；神而不可不为者，天也。故圣人观于天而不助，成于德而不累，出于道而不谋，会于仁而不恃，薄④于义而不积，应于礼而不讳，接于事而不辞，齐于法而不乱，恃于民而不轻，因于物而不去。物者莫足为也，而不可不为。不明于天者，不纯于德；不通于道者，无自而可；不明于道者，悲夫！何谓道？有天道，有人道。无为而尊者，天道也；有为而累者，人道也。主者，天道也；臣者，人道也。天道之与人道也，相去远矣，不可不察也。

【注释】

①出乎众为心：想出人头地。

②有有：有形相，意指执着于形相。

③任：听任。

④薄：通『迫』，接近、靠近。

【译文】

世人都喜欢别人和自己一致而厌恶别人和自己相反。希望别人和自己一致，厌恶别人和自己相反，这是由于人都有出人头地的渴望。那些想高人一等的人，何尝又超出大众呢？只有得到大众的认同才能心安，其实个人比不上众人的技艺太多了。企图治理国家的人，只是看到三代帝王有利的方面而没有看见有害的方面。这是把治国之成功寄托在侥幸的心理上面。但依靠侥幸而不丧国的有多少呢？这样做能保全国家的，不到万分之一，而毁灭国家的，则是一万次还有余！可悲啊，掌管国家的统治者却不明白！凡拥有国家的，就拥有众多物品。拥有众多物品的人，却不可以受外物所支配。掌控万物而不被外物支配，所以能够主宰万物。明白主宰万物者不是物，岂止是管理天下百姓而已啊！这样的人可以随意游走于天地四方，往来九州，独往独来，称之为超脱世间万物。超脱万物的人，才是至高无上者。

感人至深的教化，就像形对影、声音对回响。有提问就能回答，尽其所能，应对天下人的疑问。处于无声响的环境，行动在变化不定的地方。引领众人漫游于无始无终的空间；独来独往，随太阳起落周而复始。

言论形体，归于万物大同，大同便无个体。连自身都看作无形，哪里要执着于物象！执着于物象的人，是曾经的君子；不执着于物象的人，是天地的朋友。

虽然低贱却不能不听任的，是万物；虽然卑微却不能不顺应的，是百姓；虽然琐碎却不能不去做的，是事情；虽然粗疏却不能不表述的，是可供参照的言论；虽然遥远但又不可不恪守的，是道义；虽然亲近却不能不散播的，是仁爱；虽然是细末的点滴但不能不累积的，是礼仪；虽然平和却不能不尊崇的，是天赋；虽然自在但不能不变化的，是大道；虽然神妙莫测但不能不适应的，是自然。所以圣人观察自然的神妙却不去改造，成就了无瑕的修养却不辛劳，得来大道却不是事先有所考虑，符合仁爱的要求却并不有所依恃，实践义理却不积不留，尊崇礼仪而不避讳，应对琐事却不辞让，遵守法度而不随意妄为，依靠百姓而不任性役使，遵循事物变化的规律而不轻率摒弃。万事万物均不需要我们有所作为，但又不可不为。不明白自然的发展和规律的人，不会具备纯洁的修养；不领悟大道的人，不会有任何作为。不明白大道的人，真是可悲啊！什么叫作道？有自然之道，有人之道。无所作为却受到敬仰的，是自然之道；事必躬亲有所作为而辛苦劳累的，是人之道。天子就是自然之道，臣下就是人之道。自然之道与人之道相比较，相差实在太远，不能不分辨清楚。

【品读】

『在』是自在的意思，『宥』是宽容的意思。反对人为，提倡自然，阐述无为而治的主张就是本篇的主旨。全篇大体分为六个部分。

第一部分至『吾又何暇治天下哉』，指出一切有为之治都会使天下之人『淫其性』而『迁其德』，因此『君子不得已而临莅天下』就应当『莫若无为』。一开始就推出了『无为』而治的主张，而开篇的两句话便是提挈全文的总纲。第二部分至『故曰「绝圣弃知而天下大治」』，借老聃和崔瞿的谈话说明推行仁义扰乱人心是天下越治越坏的原因，极力主张『绝圣去知』。第三部分至『而我独存乎』，通过广成子对黄帝的谈话，阐明治天下者必须先治身的道理，并详细说明了治身、体道的方法和途径。第四部分至『起辞而行』，用鸿蒙与云将的对话，进一步阐明无为与养心的关系，指出无为的要害就在于『心养』。第五部分至『天地之友』，着力说明拥有土地的统治者一心贪求私利必定留下祸患，从而进一步阐明了『心养』和『忘物』的关系，做到了『无己』也就能忘形、忘物。余下为第六部分，概括了治理天下时遇到的十种情况，指出对待这些情况都只能听之任之，随顺应合，并就此提出了君主无为、臣下有为的主张。不过，本篇所反映的庄子思想与庄子在前几篇中抨击仁义、绝圣弃智的思想似有偏离之嫌。

天地（一）

天地虽大，其化均①也；万物虽多，其治一也；人卒虽众，其主君也。君原于德而成于天，故曰：玄古之君天下，无为也，天德而已矣。

以道观言而天下之君正；以道观分而君臣之义明；以道观能而天下之官治；以道泛观而万物之应备。故通于天者，道也；顺于地者，德也；行于万物者，义也；上治人者，事也；能有所艺者，技也。技兼于事，事兼于义，义兼于德，德兼于道，道兼于天。故曰：古之畜天下者，无欲而天下足，无为而万物化，渊静而百姓定。记曰：『通于一而万事毕，无心得而鬼神服。』

夫子曰：『夫道，覆载万物者也，洋洋乎大哉！君子不可以不刳心焉。无为为之之谓天，无为言之之谓德，爱人利物之谓仁，不同同之之谓大，行不崖异之谓宽，有万不同之谓富。故执德之谓纪，德成之谓立，循于道之谓备，不以物挫志之谓完。君子明于此十者，则韬乎其事心②之大也，沛乎其为万物逝也。若然者，藏金于山，藏珠于渊；不利货财，不近富贵；不乐寿，不哀夭；不荣通，不丑穷；不拘一世之利以为己私分，不以王天下为己处显，显则明。万物一府，死生同状。』

夫子曰：『夫道，渊乎其居也，漻乎其清也。金石不得无以鸣。故金石有声，不考不鸣。万物孰能定之！夫王德之人，素逝③而耻通于事，立之本原而知通于神，故其德广。其心之出，有物采之。故形非道不生，生非德不明。存形穷生，立德明道，非王德者邪？荡荡乎，忽然出，勃然动，而万物从之乎！此谓王德之人。视乎冥冥，听乎无声。冥冥之中，独见晓焉；无声之中，独闻和焉。故深之又深而能物焉；神之又神而能精焉。故其与万物接也，至无而供其求，时骋而要其宿，大小、长短、修远。』

【注释】

①均：平均，普遍而没有偏私。

②韬：包藏，包涵。事：立。

③素逝：谓抱真而行。素，真。逝，往。

【译文】

天地虽然广阔，运动和变化却是均衡的；万物虽然繁杂，其自得之理却是统一的；百姓虽然众多，他们的统治者却是国君。国君治理要以德为根本，效法自然，所以说，远古的君主治理天下，一切都出自无为，只是顺其自然罢了。

用道的观点来分析言论，天下的说法都是合理的；用道的观点来解释职分，君臣的道义也就清楚了；用道的观点来理解才能，天下的官吏都恪尽职守；用道的观点普遍观察，万事万物的理解都已齐备。所以，通达于天的就是『道』，祥顺于地的就是『德』，适合于万物的就是『义』，统治人的关键是各司其职，能力有所专长的关键是技艺。技统属于事，事统属于义，义统属于德，德统属于道，道统属于天。所以说，古时候管理百姓的统治者，毫无贪欲而天下富足，无所作为而万物和谐，低调宁寂而百姓安定。古书上记载说：『贯通纯一之道，万事可成；无心于身外得失，鬼神敬服。』

先生说：『「道」，是覆盖和承载万物的，多么广阔而宏大啊！君子应该闭塞心胸排除一切有为的杂念。用无为的态度面对一切就叫作自然，用无为的态度去处理问题就叫作顺应，给人以爱或给物以利就叫作仁爱，让各种不同的事物回归自然的本性就叫作伟大，行为与人相同就叫作宽容，心里包容着万种不同就叫作富有。因此保持自然赋予的禀性就叫纲纪，德行形成就叫作建功立业，遵循于道就叫作思行完备，不因外物挫折受伤就叫作完美无缺。君子明白了这十个方面意义，也就拥有了立功济物的伟大心志，而且像涓涓的流水汇聚一处似的成为万物的归往。像这样，就可以置黄金于大山，沉珍珠于深渊，不贪图财富，也不追求富贵；不把长寿看作幸运，不把夭折看作悲哀，不把宽裕看作荣耀，不把穷困看作羞耻；不把谋求举世之利作为自己的目标，不把统治天下视为自己居处于显赫地位的标准。显赫就会木秀于林，然而万物最终却归结于统一，死与生也并不存在区别。』

先生还说：『「道」，它藏于沉寂，犹如幽深宁寂的渊海；它运动恒洁，就像明澈清澄的溪流。金石制成钟、磬的器物若不获取外力，没有办法鸣响，所以钟磬之类的器物即使存在发出声响的性质，却也不敲不响。万物这种有感受才能有反应的情况谁能准确地加以认识？具有美德而居于统治地位的人，应该是凭借素朴的真情往来行事而以通晓琐细事务为耻辱，立足于天赋的真性而智慧通达于神秘莫测的世界。因此他的德行高洁而又虚广，他的心志即使有所表露，也是因为外物的触碰而作出的自然反应。所以说，生命如不凭借「道」就不能产生，生命产生了不能顺德就不会通畅。保全形体维系生命，积累盛德彰明大道，这岂不就是拥有盛德而又居于统治地位的人吗？浩渺伟大啊！他们无心地有所感情，他们又无心地有所触动，然而万物都紧紧地追随他们呢！这就是具备盛德而又居于统治地位的人。「道」，看上去是那么虚无缥缈，听起来又是那么寂然无声。然而虚无缥缈之中却能见到光明的真迹，寂然无声之中却能听到万物和谐的共鸣。幽深而又静谧，能够从中产生万物，玄妙而又深渺能够从中产生精神。所以「道」与万物相通，虚寂却能满足万物的需求，时时驰骋纵放却能聚合万物成其归宿，无论是大还是小，是长还是短，是近还是远。」

黄帝游乎赤水之北，登乎昆仑之丘而南望，还①归，遗其玄珠。使知索之而不得，使离朱索之而不得，使喫诟索之而不得也。乃使象罔，象罔得之。黄帝曰：「异哉，象罔乃可以得之乎？」

尧之师曰许由，许由之师曰啮缺，啮缺之师曰王倪，王倪之师曰被衣。

尧问于许由曰：「啮缺可以配天乎？吾藉王倪以要之。」许由曰：「殆哉，圾②乎天下！啮缺之为人也，聪明睿知，给数以敏，其性过人，而又乃以人受天。彼审乎禁过，而不知过之所由生。与之配天乎？彼且乘人而无天。方且本身而异形，方且尊知而火驰，方且为绪使，方且为物絯，方且四顾而物应，方且应众宜，方且与物化而未始有恒。夫何足以配天乎！虽然，有族有祖，可以为众父，而不可以为众父父。治，乱之率也，北面之祸也，南面之贼也。"

尧观乎华，华封人[3]曰："嘻，圣人！请祝圣人，使圣人寿。"尧曰："辞。""使圣人富。"尧曰："辞。""使圣人多男子。"尧曰："辞。"封人曰："寿、富、多男子，人之所欲也，女独不欲，何邪？"尧曰："多男子则多惧，富则多事，寿则多辱。是三者，非所以养德也，故辞。"封人曰："始也我以女为圣人邪，今然君子也。天生万民，必授之职。多男子而授之职，则何惧之有？富而使人分之，则何事之有？夫圣人，鹑居而鷇食，鸟行而无彰[4]。天下有道，则与物皆昌；天下无道，则修德就闲；千岁厌世，去而上仙，乘彼白云，至于帝乡。三患[5]莫至，身常无殃，则何辱之有？"封人去之，尧随之，曰："请问。"封人曰："退已！"

【注释】

①还：通"旋"，随即、不久的意思。

②圾：通"岌"，危险的意思。

③封人：看守边疆的人。

④无彰：不留痕迹。

⑤三患：指多惧、多事、多辱。

【译文】

黄帝到赤水以北游历，登上昆仑山顶向南遥望。在回归的时候，丢失了他玄妙的珍珠。派遣才智超群的知去寻找，没能找到；派遣善于明察的离朱去寻找，没有找到；派遣善于闻声辩言的喫诟去寻找，还是没能找到。于是派遣浑浑噩噩、毫无心机的象罔去寻找，而象罔找到了。黄帝说：『真是奇怪，象罔才能够找到它呀？』

尧的老师是许由，许由的老师是啮缺，啮缺的老师是王倪，王倪的老师是被衣。

尧向许由请教说：『啮缺能够做天子吗？我想让他的老师王倪来邀请他做天子。』许由回答说：『这样做恐怕天下就危险了！啮缺为人耳聪目明智慧超群，处理事情快速机敏，天赋超群，而且他竟然用人为的心智去匹配并调合自然的禀赋。他懂得该如何防堵过失，却不知道过失产生的原因。能让他做天子吗？他将完全依靠于人为而抛弃自然，将会把自身看作万物归向的中心而着意改变万物本来的形迹，将会尊崇才智而匆忙地为求知和驭物奔走劳顿，将会被细末的琐事所驱使，将会被外物所限制，将会环顾四方、目不暇接地跟外物变动，将会事事要求完美，将会随着事物变化而不能维持常态。他怎么能够做天子呢？既然如此，有了同族人的拥护，就会有一个全族的宗主，他可以成为一族之主，却不可以担任天下之主。治理天下是导致天下动荡的起因，是臣子的灾难，也是君主的祸根。』

尧到华地巡视，华地看守边疆人说：『啊，圣人来了！请让我们为您祝福，祝愿您长寿。』尧说：『不需要。』『祝愿圣人富有。』尧说：『不需要。』『祝愿圣人多生儿子。』尧说：『也不需要。』守封疆之人说：『长寿、富有、多生儿子，是人们都愿意获得的，唯独您不愿拥有，这是为什么？』尧说：『多生儿子就会使他人有更多畏惧，富有就会生出事端，长寿就会增加困扰。这三项无助于培养无为之德行，所以我都不需要。』看守边疆的人说：『开始以为您是位圣人，现在看不过是位君子而已。上天生出百姓，必定要授予职事。多生儿子并授予他们职事，那样做还有什么需要畏惧呢？富有而使大家分享，那样会生出什么事呢？作为圣人，像鸟雀一样居无定所，靠天吃饭，行动不留下踪迹。天下有道的时代，就与万物一起昌盛；天下昏乱无道的时代，就遁世隐居修养德行；活上千岁，直到对世俗生活厌倦了，就升仙而去，搭乘白云，到达天帝生活的地方。三种祸患不出现，身体常久无灾殃，那样还有什么烦恼呢？』看守边疆的人走开了。尧跟在后面，说：『我请问……』看守边疆的人说：『你回去吧！』